Mademoiselle Louise PILLION

LES PORTAILS LATÉRAUX

DE LA

CATHÉDRALE DE ROUEN

ÉTUDE HISTORIQUE ET ICONOGRAPHIQUE
SUR UN ENSEMBLE DE BAS-RELIEFS DE LA FIN DU XIIIᵉ SIÈCLE

AVEC 69 PHOTOGRAPHIES DANS LE TEXTE

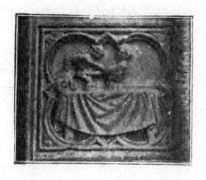

PARIS

LIBRAIRIE ALPHONSE PICARD ET FILS

Libraire des Archives nationales et de la Société de l'École des Chartes

82, RUE BONAPARTE, 82

1907

A

LA MÉMOIRE DE MON AMIE

LAURENCE DE SAINVILLE

NÉE DE GYÉMARE

L. P.

Tous les bas-reliefs de la cathédrale de Rouen, objets du présent travail, ont été reproduits ici d'après les photographies exécutées spécialement pour moi par mon cousin M. Emmanuel de Sainville. Je suis heureuse de pouvoir écrire son nom à côté du mien en tête du livre dédié à une chère mémoire.

Rouen, Janvier 1903. — Paris, Juillet 1907.

LOUISE PILLION.

PRÉFACE

Le livre que cette courte préface doit présenter au lecteur fut d'abord une thèse et valut à son auteur, avec les éloges unanimes du jury présidé par M. Th. Homolle, le titre d'élève diplômée de l'École du Louvre. Mlle *Louise Pillion a demandé au professeur qui eut à lire son travail en manuscrit de lui renouveler publiquement les « typis mandetur » qu'il lui délivra devant ses premiers juges : c'est un devoir dont je m'acquitte bien volontiers, mais avec le sentiment que mon témoignage est désormais superflu. Les abonnés de la* Revue archéologique, *de la* Gazette des Beaux-arts, *de la* Revue de l'art ancien et moderne, *de la* Revue de l'art chrétien, *les auditrices et les élèves des cours de M*^{lle} *Pillion, ont, en effet, depuis quatre ans, ratifié le verdict du jury de l'École du Louvre, et il me suffit en vérité de renvoyer aux pages qui vont suivre le lecteur attentif et compétent. Il aura vite fait de reconnaître qu'il ne s'agit pas ici d'un travail d'amateur ou d'éloges de complaisance, mais d'une contribution originale et importante à l'histoire et à l'étude iconographique de la cathédrale de Rouen ; c'est comme un chapitre inédit de la grande monographie que l'érudition française devrait avoir à cœur de ne pas laisser à quelque archéologue étranger le soin et l'honneur d'entreprendre. Je ne saurais donner à M*^{lle} *Pillion de meilleure preuve d'estime scientifique qu'en disant qu'elle paraît digne de mener à bien une pareille œuvre.*

On trouve, en effet, dans le mémoire qu'elle soumet aujourd'hui au public, toutes les qualités requises pour faire, non seulement un iconographe ingénieux et avisé, mais aussi un bon archéologue et un utile historien de l'art : dépouillement *méthodique et critique de tous les documents, manuscrits ou imprimés, — étude directe, à pied d'œuvre, du monument lui-même, — aptitude à le regarder, à le déchiffrer comme pour la première fois, — connaissance des monuments similaires dont la confrontation peut aider à le situer dans sa série historique, — perspicacité à rapprocher les textes des images, — sensibilité artistique qui, contrôlée par une discipline sévère, féconde l'analyse critique, Mlle Louise Pillion n'est pas peut-être la première femme qui se soit montrée capable de ces vertus professionnelles, mais, dès ses débuts, elle a pris rang avec honneur parmi celles qui s'y sont distinguées et c'est pour son professeur et ami une joie véritable de lui souhaiter la bienvenue dans la corporation.*

ANDRÉ MICHEL

LES PORTAILS LATÉRAUX

DE LA

CATHÉDRALE DE ROUEN

ÉTUDE HISTORIQUE ET ICONOGRAPHIQUE
SUR UN ENSEMBLE DE BAS-RELIEFS DE LA FIN DU XIIIe SIÈCLE

INTRODUCTION

I

RÉSUMÉ DE L'HISTOIRE DE LA CATHÉDRALE DE ROUEN. — DES-
CRIPTION DES SOUBASSEMENTS DES PORTAILS LATÉRAUX :
DISPOSITION DES BAS-RELIEFS QUI LES DÉCORENT. — CARAC-
TÈRES GÉNÉRAUX DE L'ŒUVRE D'ART ÉTUDIÉE. — REVUE
BIBLIOGRAPHIQUE.

La cathédrale de Rouen, comme la plupart des grandes
cathédrales françaises, est, dans son état actuel, le représentant survivant de trois ou quatre édifices antérieurs qui
se sont succédé sous le même vocable et sur le même
emplacement : entre le monument que nous possédons aujour-
d'hui et l'église construite par saint Mellon, premier évêque
de Rouen, au lieu où il ressuscita le diacre Prœcordius,
vers l'an 270 [1], quelles sont exactement les cathédrales dont
on peut trouver la trace historique ?

1. Vie de saint Mellon citée par dom Pommeraye : Histoire de la cathédrale de Rouen, Paris, 1686, 4°, p. 9.

Si, dans l'amas confus d'affirmations, de suppositions et de contradictions accumulées depuis deux siècles par les divers historiens de la cathédrale, nous essayons de distinguer ce qui est appuyé sur des textes de ce qui n'est que

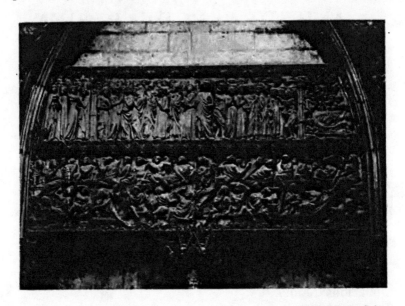

Phot. Martin-Sabon.

Fig. 1. — Tympan du Portail des Libraires à la cathédrale de Rouen.

vraisemblable, les faits qui se dégagent clairement paraissent être ceux-ci : L'église de Mellon — peut-être un simple oratoire consacré dans la maison d'un fidèle — ne dut pas lui survivre beaucoup. Ce n'est sans doute pas à cet édifice que saint Paulin de Nole [1] faisait allusion en vantant la prospérité de l'église de Rouen sous Victrice, septième archevêque, ce n'est pas lui que saint Ouen [2] — (639-683)

1. Lettre citée par dom Pommeraye, *op. cit.*, p. 19.
2. *Vie de saint Ouen, Acta SS.*, au 24 août, p. 805 et suiv.

— embellit de ses largesses. Il doit y avoir eu là une basilique constantinienne dont nous ne savons d'ailleurs rien que son existence *probable*.

En 842, les Normands saccageaient Rouen et il est *vraisemblable* que la cathédrale ne fut pas plus épargnée que l'église abbatiale de Saint-Ouen. Le monument que Richard Ier duc de Normandie (943-996) s'occupait d'agrandir et d'élever [1] avait pu être commencé par Rollon, réparant ainsi les dévastations de ses ancêtres, et serait la troisième cathédrale. Mais, d'autre part, nous voyons Robert, archevêque de Rouen, fils de Richard (989-1035), entreprendre une construction nouvelle qui, continuée par Maurille, son successeur, fut consacrée en 1063 [2]. Cette quatrième cathédrale fut-elle l'avant-dernière ? précéda-t-elle immédiatement l'église gothique que nous possédons ? Est-ce elle qui fut totalement détruite par l'incendie de 1200 [3] ? Viollet-le-Duc, le premier, a supposé l'existence d'une cathédrale du xiie siècle [4] bâtie sous les Plantagenets et dont subsisteraient, comme témoins, la base de la tour nord de la façade ouest (tour Saint-Romain), deux chapelles de l'abside, les deux chapelles orientées des transepts, et peut-être les portes latérales de la façade ouest. Cette opinion, endossée et amplifiée par les historiens suivants, a fait une belle fortune depuis et on peut la suivre à la trace dans les ouvrages de ces dernières années [5]. M. le Dr Coutan, dans son dis-

---

1. Dudon de Saint-Quentin, cité par dom Pommeraye, *op. cit.*, p. 16.
2. Orderic Vital et manuscrit de la cathédrale (Dom Pommeraye, *op. cit.*, p. 19).
3. *Recueil des historiens de France*, t. XVIII, p. 358 : *Chronique de Rouen*.
4. *Dictionnaire d'architecture*, t. II, p. 363.
5. Abbé Loth, *Histoire de la cathédrale de Rouen*, 1879. Gonse, *Art gothique*, Paris, 1891. Abbé Sauvage, notice dans : *La Normandie Pittoresque et Monumentale*, Le Havre, 1896. De Fourcaud, notice dans : *La France artistique et monumentale* de Havard.

cours de réception à l'Académie de Rouen [1]. s'inscrivit en faux contre elle et appuya sa thèse de raisonnements qui paraissent fort solides [2]. D'après lui. la tour Saint-Romain aurait bien été bâtie au XIIe siècle. mais comme un clocher hors œuvre [3]. Et, pour ce qui est des portes latérales de la façade ouest. il suspend son jugement [4].

Quoi qu'il en soit de la cathédrale qui existait en 1200, il est certain [5] qu'elle fut détruite par un de ces incendies qu'on pourrait dire providentiels, tant ils ont merveilleusement servi le mouvement qui portait alors la France à se couvrir d'une « robe neuve de blanches églises » plus belle encore que celle dont parle Raoul Glaber pour les premières années du XIe siècle.

On avait attribué le plan de la cathédrale actuelle à Ingelram c'est-à-dire : Enguerrand. Il est probable maintenant qu'il faut en laisser l'honneur à ce Jean d'Andeli découvert par M. de Beaurepaire [6] et qui était maître de

1. *Coup d'œil sur la cathédrale de Rouen aux XIe, XIIe, XIIIe siècles.* Caen, Delesques, 1896, 2e édit.

2. M. le Dr Coutan fait remarquer qu'une église bâtie au XIIe siècle aurait été voûtée, qu'une église voûtée ne brûle pas ainsi comme une grange, tout en laissant à ses quatre coins des témoins importants, qu'il devrait au moins subsister des amorces des voûtes et des murs et qu'il les a recherchées sans en trouver la moindre trace.

3. Notons la thèse très intéressante de M. Loriquet (*le beffroi de Rouen*, Rouen, 1906 , d'après laquelle la tour Saint-Romain ne serait autre que le premier beffroi communal de Rouen.

4. Il ne faut cependant pas négliger la lettre écrite en *1145* par Hugues archevêque de Rouen, à Thierry, évêque d'Amiens (Mabillon, *Annales*, t. VI, p. 392), lettre consciencieusement citée par M. Coutan lui-même et d'où il résulte qu'à cette époque les diocésains de Rouen, mus par l'exemple des Chartrains, *travaillaient* avec zèle à *leur église cathédrale, leur mère*.

5. MM. Alinne et Loisel (*la cathédrale de Rouen avant l'incendie de 1200*, Rouen 1904) ont, il est vrai, renouvelé la question en avançant que l'incendie n'aurait été que partiel et que la cathédrale *actuelle*, dans ses parties essentielles, daterait du XIIe siècle. Mais les caractères archéologiques du monument ne concordent pas avec cette date.

6. Ch. de Beaurepaire, *Notes historiques et archéologiques*, 1883. Texte commenté par M. le Dr Coutan, *loc. cit.*

l'œuvre en 1208. En 1214, quand Ingelram est appelé à l'abbaye du Bec[1], la construction de la cathédrale commencée, semble-t-il, par l'ouest, était déjà parvenue à la chapelle de la Vierge (chapelle de l'abside réédifiée en 1302). C'est là une rapidité qui tient du prodige, mais dont on a d'autres exemples[2]. En 1234, Durand le Machon fermait une voûte de la nef, près du chœur, comme en témoigne une précieuse clef sculptée déposée au Musée archéologique de Rouen[3]. Le cours du XIIIe siècle vit élever les chapelles de la nef entre les contreforts, les transepts et la base de la tour centrale.

Enfin, dès 1280, on pensait à construire les pignons des deux bras du transept et les portails qui ont fourni le sujet de la présente étude. Il résulte en effet d'une charte conservée au cartulaire de la cathédrale de Rouen[4] et datée du jeudi après le dimanche des Rameaux de 1280, que l'archevêque Guillaume (de Flavacour) cédait au doyen du chapitre, Philippe (d'Ambleville), en échange de deux maisons de chanoines, une partie de sa propre demeure épiscopale, savoir depuis la rue Saint-Romain jusqu'à la cathédrale, d'une part, et, d'autre part, depuis l'archevêché jusqu'au cloître, afin de permettre l'édification d'une porte septentrionale qui était devenue nécessaire et *même opportune* (*sic*). Il n'est question, dans le document que nous reproduisons à la fin du volume, que de la porte nord. Mais, comme nous le verrons plus loin, il est probable que l'édification des deux portails fut

1. Deville, *Revue des architectes de la cathédrale de Rouen*, Rouen, 1848, p. 79.
2. Jean-sans-Peur, Philippe-Auguste, se succédèrent pour réchauffer le zèle des Rouennais. Deville, *loc. cit.*, p. 9 et 78.
3. Deville, p. 13. Dr Coutan, p. 21 et 26.
4. Cartulaire de la Cathédrale, Bibliothèque de Rouen, f° 178, v°.

entreprise en même temps, ou que si l'un des deux eut sur
l'autre une antériorité marquée, ce fut le portail sud, comme
en témoigne le style de la sculpture des soubassements.
Jehan Davi étant maître de l'œuvre de la cathédrale en
1278 [1], il est légitime de lui attribuer le plan et l'édification
de ces deux portails.

Les travaux de la cathédrale : construction de la tour centrale — celle qui porte maintenant la flèche de fer — de la
tour sud, dite tour de Beurre, remaniements de la façade
occidentale, se continuèrent pendant tout le cours des xive,
xve et xvie siècles.

Du rapide exposé qui précède, il résulte que la cathédrale
de Rouen doit présenter des spécimens de la statuaire religieuse appartenant à toutes les époques et à tous les styles
compris entre les premières années du xiiie et le milieu du
xvie siècles ; c'est bien en effet ce qui a eu lieu, et elle y a
perdu le bénéfice de l'unité, cette ampleur, cette fermeté
du thème iconographique qui fait la gloire des cathédrales
de Chartres, Paris, Amiens et Reims. Quelles que soient
cependant les lacunes qu'on peut y déplorer, la sculpture
de Rouen reste infiniment intéressante et j'ajoute qu'elle n'a
pas été suffisamment étudiée jusqu'à ce jour. En effet, si la
cathédrale de Rouen attend encore aux portes de l'histoire
de l'art, la grande monographie à laquelle elle a droit, il est
cependant telles de ses parties qui ont attiré une attention
plus soutenue : son architecture, ses vitraux, ses tombeaux,
les stalles mutilées de son chœur ont été l'objet de travaux
plus ou moins étendus et sérieux. Il n'en est pas ainsi de

---

1. *Chronicon triplex et unum*. Manuscrit de la bibliothèque de Rouen
cité par Deville, *loc. cit.*, p. 17.

sa sculpture monumentale [1] sur laquelle les plus étranges erreurs d'interprétation ont eu cours [2].

Or, dans cette abondante et riche décoration sculpturale, qui offre à notre attention un champ si vaste : deux portes du début [3] et deux portes de la fin du XIIIe siècle, une porte de la Renaissance, une infinité de statues de toutes les époques, nichées, juchées sur les contre-forts, aux angles des tours, aux pinacles, partout où pouvait se loger une figure ou un ornement, il est un ensemble d'un intérêt presque unique, puisque la cathédrale de Lyon en offre le seul autre exemple connu : je veux parler de cette tapisserie de petits bas-reliefs qui recouvre complètement les soubassements des portails latéraux : portail « de la Calende » et portail « des Libraires » (fig. 6 et 47). Ces bas-reliefs, en forme de quatre-feuilles, sont inscrits dans des rectangles jointifs ; le sommet de chaque pilastre formé par la superposition de cinq de ces motifs est surmonté d'un pinacle de forme architecturale, abritant encore sur ses deux faces, dans un écoinçon de forme triangulaire, un petit motif sculptural. Ainsi se trouve constituée une série de représentations d'une abondance et d'une variété qui dépassent tout ce qu'on peut voir ailleurs et qui, par le choix des sujets, par le style de la composition, par la verve et l'esprit dépensés partout à profusion, offre un intérêt puissant au double point de vue de l'art et de l'iconographie. Là est vraiment l'originalité propre et la note personnelle de la sculpture à la cathédrale de Rouen.

1. Notons cependant quelques pages excellentes dans le beau travail du chanoine Porée, *La sculpture en Normandie*, Caen, 1900.
2. Qu'il me soit permis d'indiquer que l'occasion m'a été donnée d'en réfuter une (*Le portail Saint-Jean à la cathédrale de Rouen. Revue de l'art chrétien*, mai 1904.)
3. Celles à gauche et à droite de la façade occidentale.

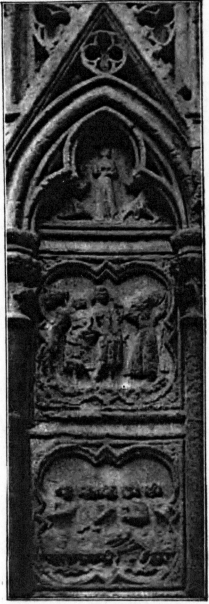

Fig. 2. — Histoire du Mauvais Riche (détail).

Les *tailleurs d'ymaiges* de la fin du xiiiᵉ siècle se sont trouvés aux prises avec un programme analogue à celui qui s'était si souvent offert aux peintres verriers pendant tout le cours du xiiiᵉ siècle : remplir de figures une série indéfiniment répétée de compartiments semblables symétriquement disposés. Les conditions de leur travail les rapprochaient également de leurs aînés les graveurs de sceaux, de leurs contemporains les tailleurs d'ivoire. Nous verrons, dans la suite de cette étude, quelles comparaisons il convient d'établir entre ces diverses formes d'art à l'occasion des bas-reliefs de Rouen, et en quelle mesure ceux-ci gardent leur originalité propre.

Le programme iconographique est, d'ailleurs, très différent d'un portail à l'autre, comme l'est aussi, j'essaierai de le montrer, le style et l'esprit des sculpteurs.

Au portail sud dit *de la Calende*, il illustre avec beaucoup de suite et de précision des sujets empruntés à l'Ancien et au Nouveau Testament et à la vie des Saints, tandis qu'au portail nord, dit *des Libraires*, il fait voisiner les fantaisies les plus étonnantes du genre que l'on appelle communément « grotesques » avec la représentation des premiers chapitres de la genèse.

On le sait maintenant, et ce sera une des gloires de la critique du xixe siècle que de l'avoir remis en lumière, il y eut un moment où la sculpture du moyen âge français fut pleinement autonome et créatrice et où les formes, conçues par elle, firent la conquête pacifique du monde. Ce moment, c'est le xiiie siècle, alors que, pliée au service d'une architecture qui était essentiellement « opus francigenum », ouvrage français, et, trouvant dans cette subordination les meilleurs secrets de sa force, la sculpture gothique donna, sur le sol de France, aux problèmes de la forme et de l'expression, quelques-unes des solutions les plus satisfaisantes qu'ils aient jamais rencontrées. Vivant sur le monument même et ne cherchant pas à faire acte d'indépendance, vivant de la pensée de l'Eglise qu'elle traduisait en innombrables figures de pierre sur la façade des cathédrales, ne se désintéressant nullement, d'ailleurs, de la nature et de la vie, mais interprétant leurs données sous la dictée d'un idéal impérieux et serein, cette sculpture française fut, à un degré incomparable, l'expression de l'âme même de la race, de sa foi et de son génie.

Elle fut un des moments héroïques, non pas seulement de l'art français, mais de l'art du monde. Toutefois, ce radieux épanouissement n'eut qu'une courte durée. Dès la fin du

xiiie siècle, une évolution se prononce, la sculpture, plus
préoccupée du détail et de l'accident, cédant aux sollicita-
tions dangereuses du pittoresque, de la couleur, du réalisme, tend déjà à vivre pour elle-même et à s'isoler du
monument qui la porte ; en même temps, le grand souffle
théologique qui l'inspirait perd de son empire sur elle et

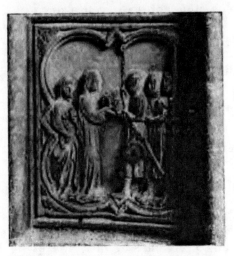

Fig. 3. — Histoire de Judith (détail).

l'interprétation anecdotique des sujets se substitue à leur
interprétation dogmatique. C'est à ce moment qu'appar-
tiennent les petits bas-reliefs de Rouen. Ils ne sont pas isolés
dans la suite des monuments gothiques ; leurs ancêtres
directs sont dans d'autres bas-reliefs antérieurs, à peu près
de même esprit et de mêmes dimensions, à la base des façades
occidentales des cathédrales de Paris, d'Amiens, de Sens.
Ils sont aux piliers du porche sud de la cathédrale de Chartres.
Leurs contemporains sont à Auxerre et à Bourges, et,
demain, l'atelier de Rouen ira, à Lyon, continuer la même

chaîne de traditions, déjà bien amoindries d'un monument à l'autre. Ils ne sont pas isolés, mais ils forment le groupe le plus nombreux, ils nous permettent, par leur abondance et leur diversité, de suivre sur le vif les démarches mêmes de l'esprit du moyen âge, à une heure où il se livre plus volontiers en confidences et se rapproche davantage de nous.

Or, cette mine précieuse de renseignements iconographiques n'a été jusqu'à présent que très incomplètement explorée : par leur multiplicité même et leur apparente monotonie, ces petites compositions ($0^m 30 \times 0^m 40$ en moyenne) semblent avoir déconcerté la patience des investigateurs.

On ne saurait beaucoup s'étonner qu'un dom Pommeraye, écrivant, en 1686, une docte et consciencieuse histoire de la cathédrale de Rouen [1] (plus exacte sur bien des points que beaucoup de travaux ultérieurs), ait à peu près complètement passé sous silence de tels détails. Cependant une légende rencontrée sur son chemin, l'histoire d'un prétendu marchand de blé qui aurait été pendu sur la place de la Calende pour avoir vendu à faux poids et dont l'effigie se verrait au portail du même nom, éveille un moment sa curiosité et l'on admirera la prudence avec laquelle le vénérable bénédictin redresse cette erreur : « Quant à l'histoire de ce marchand de blé qu'on dit être figurée dans ces basses tailles » (les petits bas-reliefs du soubassement) « ceux qui y prendront garde de près pourront découvrir que c'est quelque histoire de l'Ancien Testament comme celle de Joseph et de ses frères, *ou quelque autre semblable* qui aura pu donner fondement à cette imagination du peuple ».

1. *Histoire de la Cathédrale de Rouen*, Paris, 1686, 4°.

Mais il ne semble pas qu'il ait jamais eu envie d'y « prendre garde » pour son compte, avec un peu de suite.

Les médaillons de nos soubassements n'ont pas davantage — n'offrant, hélas ! aucun éclaircissement à l'*Histoire de la monarchie française*, — attiré l'attention de son illustre confrère, dom Bernard Montfaucon, et Seroux d'Agincourt ne les a pas jugés dignes non plus de concourir à cette *Histoire de l'art par les Monuments* où il donnait asile à plus d'un morceau de sculpture italienne du moyen âge qui ne les valait pas.

Cependant Gilbert [1] publiait en 1816 la première description sommaire, mais exacte, de ces deux portails et ces quelques lignes restent, pour bien longtemps, le seul témoignage à consulter.

A ce moment même, entre 1822 et 1830, la cathédrale de Rouen commençait à être en grande faveur auprès des archéologues et voyageurs anglais. Sur les traces de Ducarel [2], Stothard [3], Sell-Cotman [4], Dibdin [5], Gally-Knight [6], Pugin et Britton [7] se succèdent. Pas un d'eux ne consacre dix lignes à l'iconographie de nos sculptures.

D'autre part, Taylor et Nodier, dans ces *Voyages pittoresques* [8] qui sont un si curieux monument des études archéo-

---

1. *Description historique de l'église métropolitaine de Rouen*, Rouen, 1816.

2. Ducarel, *Antiquités anglo-normandes*, traduit de l'anglais par Lechaudé d'Anisy, Caen, 1823.

3. Stothard, *Letters written during a tour through Normandy in 1818*, London, 1820.

4. Sell-Cotman, *Architectural antiquities of Normandy*, London, 1822.

5. Dibdin, *Voyage bibliographique, archéologique et pittoresque en France*, Paris, 1825.

6. *Bulletin monumental*, t. IV, *Excursion en Normandie*.

7. Pugin and Britton, *Antiquités architecturales de Normandie*, 1855.

8. Taylor et Nodier, *Voyages pittoresques et romantiques dans l'ancienne France*, t. II, *Normandie*, 1820.

logiques entendues à la manière romantique, nous enseignent avec une concision dont on leur saura gré que « tous les portails de la cathédrale de Rouen sont dignes de remarque. »

Le curieux passionné, d'érudition un peu désordonnée, mais si étendue, à qui l'on doit tant de précieux travaux sur l'histoire et l'archéologie de Rouen, Hyacinthe Langlois de Pont de L'Arche, avait bien rêvé de donner, par l'étude de l'*iconographie tératologique* du portail des Libraires, une suite à son étude sur les stalles de la cathédrale[1] ; mais ce projet, comme bien d'autres du pauvre Langlois, n'a jamais été mis à exécution.

L'abbé Cochet[2] ne fait que répéter Gilbert, sans enrichir son témoignage d'une observation nouvelle.

Ecrivant une *Histoire de la caricature et du grotesque dans la littérature et dans l'art*, Wright[3], qui cite plusieurs monuments français et notamment la cathédrale de Lyon, dont le portail ouest a reçu une décoration issue de celle du portail des Libraires de Rouen, semble ignorer totalement l'existence de celui-ci, quoiqu'il connaisse et reproduise quelques-uns des dessins de Langlois d'après les stalles de la cathédrale. Champfleury, qui le suit de près[4], ne cite ni ne reproduit davantage les médaillons à sujets grotesques du portail des Libraires.

Enfin, en 1879, paraît un travail qui est et restera le plus précieux recueil de documents sur cet ensemble de sculptures. Un artiste rouennais, doublé d'un érudit, M. Jules Adeline, exécute environ 60 gravures d'après des médail-

---

1. Langlois, *Stalles de la cathédrale de Rouen*, 1838.
2. *Répertoire archéologique de la Seine-Inférieure*, Rouen, 1871, 4°.
3. Traduction française, 1866, 8°.
4. *Histoire de la caricature du moyen âge*, Paris, 1871, 8°.

lons du portail des Libraires et du portail de la Ca ende [1]
en beaucoup meilleur état alors qu'ils ne sont, hélas !
aujourd'hui et, dans une alerte préface que complète une
intéressante bibliographie, il passe en revue avec beaucoup
d'esprit les divers systèmes d'interprétation appliqués aux
représentations grotesques qui se rencontrent dans les monuments du moyen âge. Mais, outre que M. Adeline se limite
aux seuls sujets à caractère fantaisiste ou caricatural, il n'a
pas tenté, comme il aurait été si capable de le faire, d'ap-
pliquer à chacun des motifs gravés par lui une méthode rai-
sonnée d'investigation : après lui, la monographie des bas-
reliefs de la cathédrale de Rouen, rendue plus facile, surtout
en ce qui concerne ceux du portail des Libraires, restait
cependant encore à entreprendre.

En 1882, M. Joly, dans un excellent travail [2] publié par
le *Bulletin des Antiquaires de Normandie*, trace en quelques
pages, qui sont un modèle de saine critique, la marche à
suivre pour essayer d'interpréter les sujets hétérogènes du
portail des Libraires et, chemin faisant, élucide deux ou
trois de ceux du portail de la Calende.

Les travaux plus récents sur la cathédrale de Rouen, ceux
de MM. de Fourcaud [3], Gonse [4], de M. l'abbé Sauvage [5],
de M. Lambin [6] ne font point avancer la question [7].

1. J. Adeline, *Sculptures grotesques et symboliques, Rouen et environs*,
1879, 8°.
2. Je suis d'autant plus à l'aise pour louer le travail de M. Joly que
l'ayant connu seulement alors que le mien était déjà rédigé, j'ai eu le
plaisir de me trouver d'accord avec lui sur plus d'un point que je signalerai.
3. Dans : *France artistique et monumentale*, t. II, Paris, s. d.
4. *L'art gothique*, 1889, Paris, 4°.
5. Dans : *Normandie pittoresque et monumentale*, Le Havre, 1896.
6. *Revue de l'art chrétien*, 1900.
7. M. le chanoine Porée, dans son travail, d'ailleurs excellent, sur *La
sculpture en Normandie*, Caen, 1900, ne s'arrête pas, ce qui se conçoit, aux
médaillons des soubassements de la cathédrale.

Cependant Ruskin avait passé par là et, pour cet esprit aussi prodigieusement apte à saisir le détail que prompt aux généralisations arbitraires, les petites sculptures si significatives des deux soubassements du transept de la cathédrale de Rouen ne pouvaient passer inaperçues.

Ruskin releva des mesures [1], fit de délicates observations sur les nuances marquées dans la coupe et l'appareil de ces médaillons, en apparence uniformes, et, parmi cette multitude de motifs, choisit pour la dessiner une de ces petites figures animales de 0^m 10 de long qui se trouvent nichées aux écoinçons de chacun des quadrilobes. Mais il avait, de plus, en quelques mots, précisé la signification et mis en relief la valeur de l'ensemble.

Voici donc où en étaient les choses quand je commençai mon travail : une moitié, au moins, des bas-reliefs du portail de la Calende n'avaient même pas été regardés avec quelque attention. Ceux du portail des Libraires, mieux connus et en grande partie reproduits, n'avaient jamais été l'objet d'une étude complète.

Faire l'analyse et la description intégrale de tout cet ensemble de sculptures, établir autant qu'il sera possible le sens iconographique de chacun de ces motifs, rechercher dans les textes et dans les documents ce qu'on pourrait appeler leur double généalogie, généalogie littéraire et généalogie figurée, faire, chemin faisant, les comparaisons qui s'imposent avec les monuments contemporains : sculptures, vitraux, miniatures de manuscrits, c'est ce que se propose et à quoi se limite très exactement la présente étude.

La base d'un travail de ce genre était, bien entendu, la reproduction intégrale de l'œuvre étudiée. Je dois à

---

1. Voir *Les sept lampes de l'architecture*, traduit de l'anglais par Elwall. Société française des Éditions d'art, Paris, 1900.

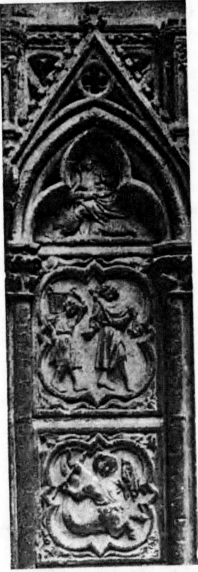

Fig. 4. — Portail des Libraires (détail).

mon cousin et ami, M. de Sainville, de pouvoir aujourd'hui la présenter au public. Malheureusement tous ces bas-reliefs, ceux du portail de la Calende en particulier, par le fait de la proximité de grilles et de murs supprimant tout recul, offraient à la photographie des difficultés parfois presque insurmontables. Le zèle de mon dévoué collaborateur n'a pu toujours triompher de ces obstacles, et les reproductions qui accompagnent ces pages se sont ressenties en plus d'un point de conditions matérielles aussi défectueuses. Telles qu'elles sont, elles constituent cependant un instrument d'étude qui faisait totalement défaut jusqu'à ce jour.

A notre époque de diffusion scientifique, le monument édité, publié, reçoit, de ce fait, comme une vie nouvelle, une puissance d'action et d'expansion décuplée. Il devient à la

fois objet et instrument de travail : il entre dans le grand
courant d'échanges qui constitue la vie intellectuelle et
scientifique d'un temps.

Je voudrais obtenir une place pour les petits bas-
reliefs de N.-D. de Rouen dans ce *Corpus* de l'art
du moyen âge dont les éléments s'élaborent lentement.
S'il est des monuments beaucoup plus importants et plus
représentatifs de la grandeur et de la majesté de cet art, il
n'en est guère qui, mieux que la série des médaillons du
portail de la Calende, manifestent ses côtés intimes et familiers, qui, mieux que ceux du portail des Libraires, témoignent
de sa fantaisie et de sa verve gouailleuse. Ils sont aux grands
ensembles sculpturaux de Paris, ou de Chartres, ou d'Amiens,
ce que sont les prédelles de tableaux aux grandes fresques
du xve siècle italien, ce que sont les médailles aux grandes
œuvres de la statuaire antique, et, de même que l'on a pu,
au moyen d'effigies de quelques millimètres de diamètre,
reconstituer l'image du Zeus d'Olympie ou de la Vénus de
Cnide, de même cette série de médaillons de pierre de la fin
du xiiie siècle que présente la cathédrale de Rouen offre
comme un dictionnaire des compositions, des types et des
attitudes familiers à la sculpture du moyen âge français.

2

II

DESCRIPTION DE QUELQUES SOUBASSEMENTS D'ÉGLISES GOTHIQUES
QUI OFFRENT DES POINTS DE COMPARAISON AVEC CEUX DES
PORTAILS LATÉRAUX DE LA CATHÉDRALE DE ROUEN : SENS,
AMIENS, AUXERRE, BOURGES, PARIS. — CARACTÈRES DISTINC-
TIFS QUI NE SE RENCONTRENT QU'A ROUEN ET A LYON.

Quelques mots sur les types de soubassements d'églises
gothiques qui offrent avec ceux de Rouen et de Lyon des
rapports de disposition et d'iconographie ne seront pas sans
utilité pour nous permettre de dégager l'originalité caractéristique de ces derniers.

La forme du soubassement, comme celle de tous les
membres de l'architecture, dérive logiquement, à l'époque
que l'on est convenu d'appeler gothique, de la structure
même de l'édifice. Dès que le portail fut constitué dans son
plan général, avec son ébrasement profond, ses hauts pieds-
droits supportant les grandes statues, sa voussure et son
tympan, un vaste champ se trouva délimité entre le socle
des grandes figures des pieds-droits et le sol, et ce champ, de
de plus en plus étendu, à mesure que les portes devenaient
plus larges, plus profondes, et se reliaient plus intimement à la façade, ne pouvait pas manquer de recevoir à son
tour une décoration appropriée.

Participant encore, à la fin du XIIe siècle et au début du
XIIIe de l'ordonnance de la colonne, dont il continuait les
lignes en une succession de socles ou de bases, comme à

Chartres (façade occidentale), à Rouen (portes latérales de la façade principale), il tendit bientôt à former une sorte de banquette continue, courant d'une porte à l'autre et reliant les portes au nu de la façade, conception pleinement réalisée à la cathédrale d'Amiens.

. La décoration que reçut le soubassement, toujours sobre et discrète, fut infiniment variée : ce furent de légères arcatures abritant de petits motifs sculpturaux comme à Paris — porte nord de la façade ouest —, ou des quatre feuilles dispersés sur un champ ouvragé, comme à Noyon — réplique du plan d'Amiens — ou des draperies simulées, surmontées de caissons de feuillage délicatement refouillés, comme à Reims.

Entre tous les soubassements du XIIIe siècle, ceux qui offrent avec les exemples de Rouen et de Lyon les points de comparaison les plus précis, soit pour la disposition des motifs sculpturaux, soit pour l'iconographie, sont ceux de Sens, d'Amiens, d'Auxerre et de Bourges, qui, d'ailleurs, diffèrent entièrement entre eux. A la cathédrale de Sens — porte centrale de la façade ouest — c'est une double ordonnance de caissons dont les uns, encadrés de colonnettes, abritent une figure sculptée (Arts libéraux, calendrier); dont les autres montrent, en très mince relief, des représentations d'animaux symboliques et légendaires. Ce soubassement est d'ailleurs composé de piles en ressaut les unes sur les autres à angle droit comme celles de Rouen.

A la cathédrale d'Amiens, le parti change complètement. Il y a bien encore — façade ouest — une double ordonnance de décoration, mais le soubassement s'étend au-dessous des pieds-droits, sans ressauts, dans une belle tran-

quillité de ligne horizontale. Le registre inférieur est orné
d'un réseau de fleurettes conçues en lignes géométriques.
Le registre supérieur, dans deux rangées superposées de
quatre feuilles, présente un nombre considérable de compositions empruntées à l'Ancien et au Nouveau Testament, au Zodiaque, au calendrier et des figures de *Vices*
et de *Vertus*. A la cathédrale de Bourges, une charmante
arcature règne au bas des cinq portails [1] de la façade occidentale et, par une fantaisie toute nouvelle, c'est dans
les écoinçons compris entre les retombées de cette arcature
et la corniche supérieure que se loge la sculpture figurée,
tout entière inspirée de la Genèse.

A la cathédrale d'Auxerre enfin, les soubassements de
la façade ouest qui changent de forme avec chaque porte
brodent sur le programme connu les variations les plus
neuves. C'est, à la porte centrale, un registre décoré des plus
exquises combinaisons de lignes, plus ou moins inspirées du
quatrefeuilles, mais tracées avec une souplesse et une dextérité
extraordinaires, et encadrant des compositions où l'on ne sait
qu'admirer le plus, de la grâce ou de la souveraine aisance (vie
de Joseph, Parabole de l'Enfant prodigue). Le registre supérieur dessine un rang d'arcatures profondes abritant des
figures assises. — Au portail droit, ce sont deux ordres
d'arcatures superposées. — Au portail gauche, c'est l'association du quatrefeuilles et de l'arcature. Nulle part mieux
qu'à Auxerre, on ne peut apprécier la fécondité d'invention
des architectes gothiques.

Mais nous reviendrons à Auxerre comme à Bourges, au
point de vue de la sculpture, quand nous voudrons essayer

1. Les soubassements de deux portails sur cinq ont été refaits au
xvi⁰ siècle lors de l'écroulement de la tour Nord.

des comparaisons de style et des attributions de dates. Les
quelques mots qui précèdent suffiront pour mettre à leur
place les soubassements de Rouen et de Lyon.

C'est ici que se manifeste l'alliance la plus intime qui soit
entre la sculpture et l'architecture. Le goût de symétrie dans
les lignes, et de logique, poussé jusqu'à l'excès, qui tour-
mentait les architectes de la fin du xiiie siècle, se révèle pleinement dans cette conception presque géométrique ; à Rouen
comme à Lyon les lignes verticales du soubassement sont
l'exact prolongement des lignes des pieds-droits. Il y a là
une disposition qui avait été inaugurée en 1257 au portail latéral sud de N.-D. de Paris, mais ce soubassement
n'avait pas reçu de sculptures. A Rouen et Lyon, la sculpture fait si intimement corps avec la construction même
que chaque assise porte à la fois son motif sculptural et
les moulures qui l'encadrent : chaque bas-relief est partie
intégrante du membre d'architecture (fig. 6 et 47).

D'ailleurs, ayant ainsi satisfait son goût passionné de
logique, l'architecte a repris dans les détails sa liberté
d'action, et bien des nuances délicates révèlent un goût et
un doigté exquis. Ruskin a, le premier, remarqué dans les
soubassements de Rouen ce qu'il appelle des manifestations
de la « lampe de Vie » [1]. Le premier, il a noté une variété
de proportions très grande et nettement voulue entre ces
bas-reliefs qui paraissent à l'observateur distrait, tous
égaux.

En effet, si l'on examine un instant avec attention l'appareil d'une des piles, on constate qu'il existe, d'un caisson à
l'autre, des différences de mesure qui se continuent d'un bout à

1. *Loc. cit.*

l'autre de chaque portail. Au nord (exemple qu'a étudié
Ruskin) les deux médaillons du bas sont plus hauts que
larges, les deux au-dessus semblables entre eux sont à
peu près carrés et le cinquième en haut est le plus long
(fig. 54). Mais à la pile du trumeau (composée elle aussi aux

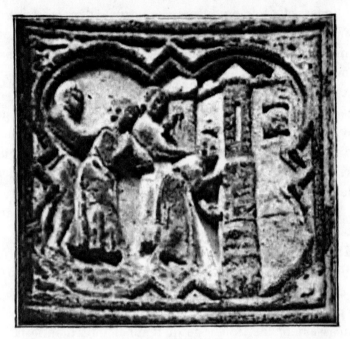

Fig. 5. — Histoire de Joseph (détail).

deux portails de bas-reliefs jointifs) les proportions sont déjà
différentes (fig. 46). Elles varient encore très nettement au
portail sud (fig. 9). Ruskin a constaté encore que chaque
médaillon participe plutôt du rhomboïde que du rectangle. Je
pense qu'il fait allusion par là à cette particularité que les
quatrefeuilles sont épannelés suivant une ligne qui est un *seg-
ment de cercle*, en sorte que si l'on tendait horizontalement un

fil du côté droit au côté gauche d'un de ces bas-reliefs, ce fil se
trouverait écarté de près d'un centimètre du centre du motif
(fig. 5) ; et toutes ces variations et nuances de détails concourent bien certainement, comme le dit Ruskin, à la grâce
et à l'harmonie de l'ensemble. Un autre exemple de ce goût
délicat est la manière dont, à chacun des portails, l'architecte
a ménagé un repos pour l'œil entre les soubassements de
l'ébrasement de la porte et ceux qui se continuent à angle
droit (fig. 6 et 47). Il a interrompu l'ordonnance des
piles en ressaut les unes sur les autres et a appareillé
à plat une série de quatrefeuilles qui se prolonge jusqu'au haut des pinacles des grandes niches et rejoint le
cordon extérieur de la voussure. Et le sixième médaillon de
cette série qui se trouve à la hauteur du pinacle des soubassements est d'une grandeur insolite de façon à faire comprendre le changement d'ordonnance.

Que dire enfin de cette minuscule et prodigieuse faune
qui s'ébat aux angles des pinacles et se niche et grouille aux
écoinçons des polylobes? Nous y avons déjà fait allusion
et nous en parlerons de nouveau à propos du portail des
Libraires, ces mêmes détails étant, au portail de la Calende,
dans un état d'usure qui ne permet plus guère de les dis-
cerner. Nous analyserons aussi une à une les figurines
qui se logent sous l'arcade de chaque pinacle. Il y a là
de petites merveilles de composition et d'agencement dans
lesquelles les sculpteurs se sont joués des difficultés que
leur créait le cadre triangulaire.

Mais il est temps d'entrer dans l'analyse proprement dite.
Notons encore en finissant que l'ensemble de compositions
sculptées des soubassements de Rouen est le plus nombreux qui soit : 230 caissons et 40 motifs de pinacles au

portail de la Calende, 150 caissons et 24 motifs de pinacles
au portail des Libraires, tous différents. On voit quel vaste
champ est celui de l'iconographie que nous allons essayer
de défricher méthodiquement.

Mais, avant de commencer cette étude par le portail sud
dit de la Calende, j'ai hâte de préciser une distinction qui
me paraît devoir être faite entre les bas-reliefs de ce portail
et ceux du portail des Libraires. Ces derniers étant beaucoup plus connus, et par les reproductions et par le travail
de M. Adeline, et parce qu'ils sont plus faciles à photographier et même à voir, on s'est plus ou moins habitué à
englober les deux groupes de sculptures des soubassements
de la cathédrale dans des jugements et des appréciations
qui ne s'appliquent exactement qu'au portail nord. En réalité, il y a entre ces deux groupes, quant au programme
iconographique, à l'esprit et au style des différences très
notables. Je ne puis, pour le moment, qu'énoncer une affir-
mation ; ce sera à la suite de ce travail d'apporter les
preuves. J'espère qu'elles seront convaincantes mais je
demande que dès à présent et *sous bénéfice d'inventaire*
on me permette de disjoindre dans mon jugement, comme
il est nécessaire de le faire pour l'étude, ces deux objets à
mon sens différenciés par beaucoup de points.

CHAPITRE PREMIER

PORTAIL DE LA CALENDE (PORTAIL SUD)

I. Description générale ; répartition des sujets. — II.
Iconographie des soubassements : 1. Histoire de Job
(*trumeau de la porte*) ; 2. Histoire de Jacob (*ébrasement
de la porte, à gauche*) ; 3. Histoire de Joseph (*ébrasement de la porte, à droite*) ; 4. Histoire de Judith (*retour
d'angle à gauche*) ; 5. Parabole du mauvais riche (*contrefort de gauche*) ; les vies de saints évêques : 6. Vie
de saint Romain, évêque de Rouen (*contrefort de droite*) ;
7. Vie de saint Ouen (*retour d'angle à droite*). — III.
Étude sur le style des bas-reliefs du soubassement du
portail de la Calende.

I

DESCRIPTION GÉNÉRALE : RÉPARTITION DES SUJETS

Le portail de « la Calende » [1] à la cathédrale de Rouen
est, a dit Viollet-le-Duc, « le chef-d'œuvre d'une école de
constructeurs et d'appareilleurs qui n'avait pas alors son
égale en France ». Sans doute il y a, dans l'élégance et la
netteté même de ses lignes, quelque chose de sec et comme
de métallique, la sculpture s'y applique et s'y incruste
ainsi qu'une orfévrerie précieuse au lieu de présenter des
saillies vigoureuses. On ne sent plus là le puissant afflux

---

1. Les *Calendes* étaient des assemblées ecclésiastiques qui se réunis-
saient chaque calende du mois (cf. Ducange, *Kalendœ*). Le lieu de réunion
de cette assemblée était, à Rouen, dans une maison de la place où s'élève
actuellement le portail du transept Sud de la Cathédrale.

de sève qui fait la beauté des œuvres ogivales primitives ;
on a conscience d'être devant une floraison trop parfaite
et trop épanouie qui va bientôt se dessécher, mais le
moment est encore exquis, et ce portail qui fait si complètement corps avec la façade du transept, qui l'étreint et s'y
soude complètement, avec les puissants contreforts qui
l'épaulent, avec l'abondante végétation de ses gâbles fleuris,
avec sa grande rose et son hardi pignon, présente un
ensemble d'une fermeté et d'une unité remarquables.

Le thème iconographique y est, comme le thème architectural, à la fois touffu et rigoureux.

Au trumeau de la porte, figure la statue du Christ, moderne
dans sa forme actuelle copiée sur le « Beau Dieu » de Reims,
mais remplaçant évidemment un original ancien ; aux pieds-
droits, se trouvent les statues des apôtres ; au tympan, les
scènes de la Passion et de la Résurrection ; dans la voussure, sont des statues de martyrs ; dans les multiples polylobes, nichés parmi les découpures des gâbles, a pris place
une série très curieuse de représentations de la vie et de la
mort des saints.

Enfin, sur les soubassements qui vont nous occuper
exclusivement figurent : à la pile du trumeau la vie de Job, à
droite et à gauche de l'ébrasement du portail la vie de Jacob
et la vie de Joseph. Sur les grands contreforts où se continuent
les lignes superposées de bas-reliefs, c'est, d'une part, à droite,
la vie de saint Romain et, dans le retour d'angle, la vie de
saint Ouen, tous deux évêques de Rouen au viie siècle. D'autre
part, à gauche, c'est, sur le flanc du contrefort, la parabole du
mauvais riche, et, dans le retour d'angle, la vie de Judith.

De tous ces sujets, jusqu'à présent, seules les vies de
Jacob et de Joseph avaient été identifiées et en partie
photographiées.

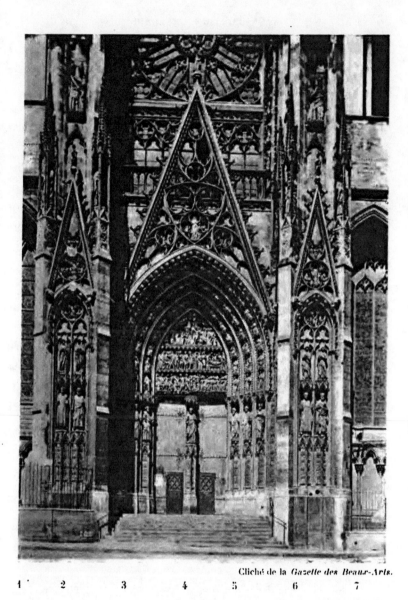

1   2   3   4   5   6   7

Fig. 6. — Portail de la Calende (Transept sud), à la cathédrale de Rouen.
Sujets sculptés aux soubassements : 1 (dans le retour d'angle). Vie de
Judith. 2. Histoire du mauvais riche. 3. Histoire de Jacob. 4. Histoire
de Job. 5. Histoire de Joseph. 6. Vie de saint Romain. 7 (dans le
retour d'angle). Vie de saint Ouen.

Les historiens de la cathédrale sont restés complètement muets sur les quatre groupes de bas-reliefs des contreforts [1] et sur ceux du trumeau de la porte.

M. l'abbé Sauvage, le dernier venu, dans une étude très bien informée sur la cathédrale de Rouen [2], se montrait un peu plus explicite et mentionnait à cette place une vie d'évêque, mais il croyait y voir l'histoire de saint Mellon qui ne s'y trouve pas, je suis en mesure de l'affirmer.

Je me hâte d'ajouter qu'il ne m'a pas fallu apporter à l'identification de ces divers motifs une perspicacité bien extraordinaire ou des connaissances fort abstruses : une fois le fil conducteur trouvé, il était aisé de se reconnaître dans une iconographie très claire, très précise et très détaillée. Mais le peu que je dirai n'avait pas encore été dit et j'ai pensé qu'il pouvait être intéressant de le dire.

Notons, en passant, que M. Deville (*Revue des architectes de la cathédrale de Rouen*), ayant trouvé, dans les archives de la cathédrale, le texte d'une fondation, faite au xve siècle par un certain Gorein dont il était dit qu'il « fist faire le portail devers midi » avait cru pouvoir attribuer la construction du portail de la Calende à Guillaume Pontifz, maître des œuvres de la cathédrale à partir de 1462. Mais il est par trop évident que cette architecture et cette sculpture ne peuvent appartenir à une époque aussi tardive, et l'erreur de lecture ou d'interprétation dans laquelle était tombé M. Deville n'a été répétée par aucun autre historien.

---

1. M. Joly, *Bulletin des antiquaires de Normandie*, 1882, élucidait rapiment, mais avec beaucoup de tact quelques-uns des sujets de l'histoire du mauvais riche.

2. *Normandie pittoresque et monumentale*, f°, p. 69.

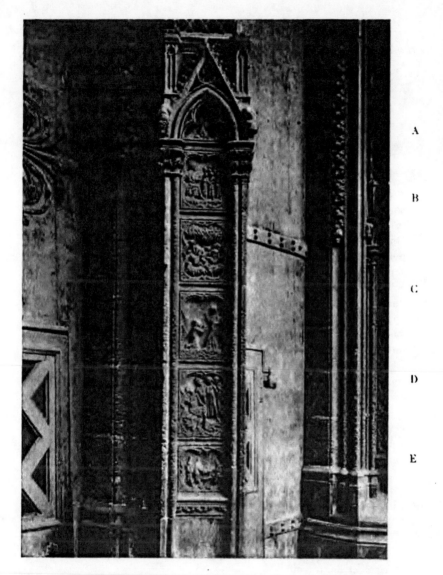

A

B

C

D

E

Fig. 7. — Trumeau du portail de la Calende. Histoire de Job.

II

ICONOGRAPHIE DES SOUBASSEMENTS

1. HISTOIRE DE JOB

(*Trumeau de la porte*)

Job est un des types iconographiques chrétiens les plus anciens qui soient [1]. *Iduméen*, il personnifiait la vocation des Gentils. Tenté, souffrant, persécuté et finalement triomphant il devenait figure du Christ. On trouve l'histoire de Job représentée dès les catacombes, dans les peintures murales et un peu plus tard sur les sarcophages. Les manuscrits, bibles et psautiers les plus anciens l'accueillent. Quelquefois cette histoire est narrée tout entière. Plus souvent, elle est réduite à deux ou trois scènes ou bien même à une seule et on peut alors la rencontrer comme illustration de la vertu d'Espérance ou de Résignation. — Ce sujet est plus rare dans les vitraux du XIIIe siècle, qui nous ont été conservés. Pourtant la grande suite narrative de la Sainte Chapelle dont le programme a tant d'analogies avec celui des sculptures de Rouen nous offre un précieux élément de comparaison. Dans la sculpture gothique, Job est figuré, notamment à Chartres (tympan de la porte droite du portail nord), à Reims (tympan de la porte centrale du portail nord), à Paris (médaillon à gauche du portail central, façade ouest). Enfin j'ai cru le reconnaître sur un très beau tombeau du XIVe siècle conservé dans l'église abbatiale de Fécamp [2].

1. Les préambules dont j'ai fait précéder l'analyse de chacun des principaux thèmes traités dans les soubassements de Rouen n'ont pas la prétention de présenter une liste complète des sources iconographiques. Mais j'ai cru qu'il pourrait être utile à d'autres de consigner ici le résultat des recherches que j'ai dû faire, recherches pendant lesquelles l'absence d'un répertoire iconographique des monuments du moyen âge s'est fait douloureusement sentir à moi.

2. Cliché des monuments historiques. Tombeau de Thomas de Benoît. Voir Cochet, *Répertoire archéologique de la Seine-Inférieure*, Paris, 1871, 4°.

A Rouen, l'histoire de Job, comme toutes celles qui sont traitées dans ce portail, l'est avec une abondance qui touche à la prolixité. Nous allons en suivre les diverses scènes, le livre de Job à la main, suivant le système adopté par M. Durand dans la monographie de la cathédrale d'Amiens et M. Bégule dans la monographie de la cathédrale de Lyon, ouvrages qui sont des modèles de logique et de clarté.

Nous n'avons pu reproduire qu'une des faces du trumeau du portail de la Calende, les trois autres étant extrêmement mal éclairées ou dans un état de dégradation qui les rend presque indéchiffrables.

Tous les bas-reliefs de Rouen, à la différence de ceux de Lyon, dont l'ordre est assez arbitraire, se lisent en allant de gauche à droite et de haut en bas, exactement comme une page d'écriture.

Nous avons appliqué à toute nos planches la numérotation suivante. Les lettres A B C D E désignent les lignes horizontales et les chiffres arabes 1, 2, etc., les lignes verticales. J'ajoute que, les motifs voisins se présentent toujours à angle droit par rapport les uns aux autres, il a fallu photographier séparément les côtés *face* et les côtés *retour*, ce qui fait que deux motifs qui, sur le monument, se suivent en ligne horizontale, devront ici être cherchés sur deux figures différentes. A 1 et A 3, par exemple, se trouveront sur une figure ; A 2 et A 4, sur la figure suivante.

A 1 (non reproduit). « Il y avait dans la terre de Hus un homme qui s'appelait Job. Cet homme était simple et droit de cœur. Il avait sept fils et trois filles. » (*Job*, I, 1, 2). On n'aperçoit plus dans ce relief très fruste que la figure du patriarche assis et le moutonnement de dix petites têtes.

A 2 (fig. 7). Job est assis à gauche ; en face de lui, à

droite, ses enfants. On distingue la robe longue d'une des filles ; les fils portent une robe courte : particularités qui, dans tout l'ensemble des bas-reliefs de Rouen, seront le signe caractéristique de chacun des sexes. Job semble parler et ses enfants écoutent respectueusement. Ce motif, très bien conservé, est fort joli.

A 3 (non reproduit). J'avais cru, d'abord, que ce médaillon qui montre un homme à genoux devant un personnage nimbé du nimbe crucifère et le médaillon C 2 (fig. 7) représentaient tous deux Satan demandant à Dieu la permission de tenter Job et que les imagiers s'étaient, pour représenter Satan sous les traits d'un homme ordinaire, autorisés de ce passage du livre de Job : « Or, *les enfants de Dieu* s'étant un jour présentés devant le Seigneur, Satan se trouva aussi parmi eux ». Le vitrail de la Sainte Chapelle [1] semblait me donner raison en représentant aussi deux fois « la prière de Satan » aux mêmes moments de la narration, mais Satan y est accoutré *en diable*, ce qui est une grave différence [2]. Et, de plus, après chacun de ces motifs qui auraient figuré, me semblait-il, à Rouen, la prière de Satan, s'en trouve un autre où il a la forme traditionnelle et grotesque. Sans être tout à fait certaine qu'il faille renoncer à ma première interprétation, je crois donc qu'il est prudent de ne rien affirmer et que le A 3 pourrait simplement représenter le sacrifice ou la prière de Job.

A 4 (non reproduit). Groupe d'anges d'un très bon style

---

1. XIIe fenêtre. Calque à la Bibliothèque des monuments historiques (Bibliothèque du Trocadéro).

2. Parmi les manuscrits qui contiennent aussi la prière de Satan (mais toujours accoutré en diable) je citerai les n°s 5211 et *ancienne théologie française* n° 8, à la Bibliothèque de l'Arsenal, 166 français, à la Bibliothèque Nationale, 9541, à la Bibliothèque royale de Bruxelles.

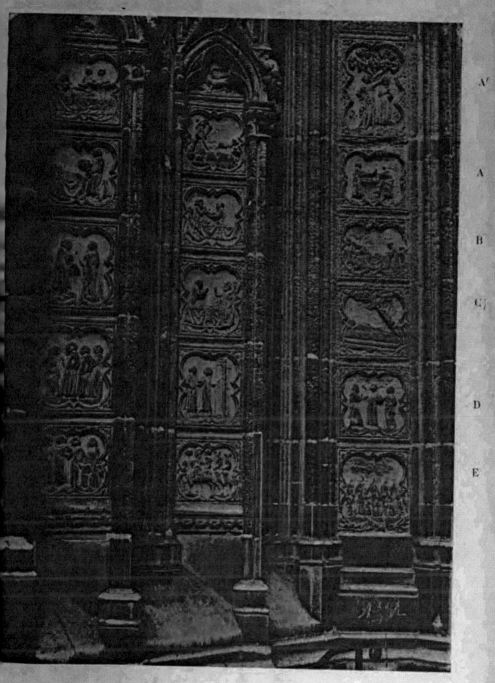

Fig. 8. — Portail de la Calende.
Ensemble de trois piles (face) du côté gauche du soubassement. Histoire de Jacob.

dont l'un tient le globe du monde *surmonté d'une croix*. Satan est en conversation avec eux. Je ne trouve aucun texte du livre de Job qui puisse expliquer ce motif, tout à fait insolite.

B 1 (non reproduit). « Un homme vint dire à Job : Lorsque vos bœufs labouraient et que vos ânesses paissaient auprès, les Sabéens sont venus fondre tout à coup, ont tout enlevé, passé vos gens au fil de l'épée » (*ibid.*, ɪ, 14, 15) . — Auprès des troupeaux on voit des hommes qui les gardent. Les ennemis fondent sur éux, le glaive levé.

B 2 (fig. 7). « Le feu du ciel est tombé sur vos moutons et sur ceux qui les gardaient et il a tout réduit en cendres » (*ibid.*, I, 16). — Un troupeau de moutons. Des bergers endormis ou déjà foudroyés. Des flammes remplissent toute la partie supérieure du bas-relief.

B 3 (non reproduit). Extrêmement mutilé, ce médaillon où figure un édifice doit représenter la réunion des fils et filles de Job chez leur aîné. Mais alors pourquoi le patriarche est-il là assis à la porte ?

B 4 (non reproduit). « Lorsque vos fils et vos filles mangeaient et buvaient dans la maison de leur frère aîné, un vent impétueux s'étant levé tout à coup du côté du désert, a ébranlé les quatre coins de la maison et, l'ayant fait tomber sur vos enfants, ils ont été accablés sous les ruines et sont tous morts » (*ibid.*, ɪ, 18, 19). L'édifice se démolit tout d'une pièce comme un château de cartes, suivant une tradition familière aux imagiers du moyen âge.

C 1 (non reproduit). Ce motif qui représente un homme à genoux devant un autre assis doit figurer le messager apportant à Job la fatale nouvelle.

C 2 (fig. 7). Dans ce très joli bas-relief, le Christ est

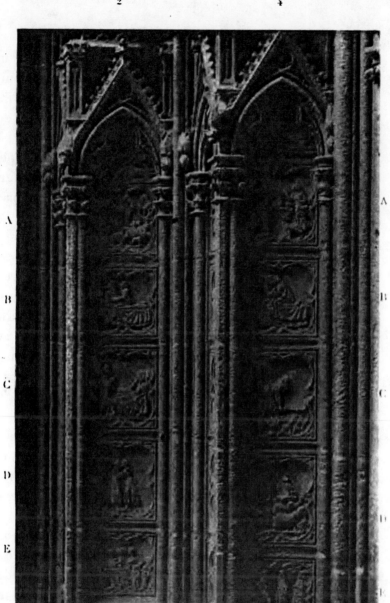

Fig. 9. — Portail de la Calende. Ensemble de deux piles (retour)
du côté gauche du soubassement. Histoire de Jacob.

debout, tenant le globe du monde et semblant bénir un homme agenouillé devant lui. C'est la prière de Job dont l'écriture fait cette mention : « Alors Job se leva, déchira ses vêtements et s'étant rasé la tête, il se jeta à terre et adòra Dieu » (*Job*, i, 20).

C 3 (non reproduit). Cette fois c'est Satan sous sa forme traditionnelle et démoniaque qui paraît devant Dieu pour lui demander la permission de tenter son serviteur Job dans sa chair.

C 4 (non reproduit). « Et Job étant assis sur un fumier, ôtait avec un morceau de pot de terre la pourriture qui sortait de ses ulcères » (*ibid.*, ii, 8). — Voici la représentation traditionnelle, par excellence, de la figure de Job : il est nu, et assis sur un tas de débris. C'est de la sorte que le représentent les miniatures des manuscrits et les sculptures de Chartres, de Reims, de N.-D. de Paris. Parfois aussi, sa femme lui tend du pain au bout d'une baguette, tout en se bouchant le nez, comme sur un sarcophage d'Arles [1] et dans le *Grégoire de Naziance* de la Bibliothèque Nationale.

D 1 (non reproduit). « Alors sa femme vint lui dire : Quoi ! vous demeurez encore dans votre simplicité ? Maudissez Dieu et vous mourrez» (*ibid.*, ii, 9). — Job, vêtu cette fois, assis, porte une sorte de chaperon, sa femme se tient devant lui.

D 2 (fig 7). « Cependant, trois amis de Job apprirent tous les maux qui lui étaient arrivés et, étant partis chacun de leur propre pays, vinrent le trouver. Lors donc que, de loin, ils eurent levé les yeux pour le considérer, ils ne le

---

1. Le Blant, *Revue archéologique*, 1860, pl. XVII. Sur le sarcophage de Junius Bassus aux Grottes Vaticanes, la femme se bouche aussi le nez avec un linge.

reconnurent pas et, ayant jeté un grand cri, ils commencèrent à pleurer »(*ibid.*, II, 11, 12). — Job, vêtu, est toujours assis sur son tas de débris ; devant lui Éliphas, Baldad et Sophor ont des attitudes d'une pitié profonde.

D 3 (non reproduit). Le même sujet ou à peu près. Seulement Job semble s'être ranimé et être prêt à argumenter avec ses amis.

D 4 (non reproduit). Très mutilé. Probablement c'est l'apparition de Dieu à « son sergent [1] » Job comme à Chartres [2].

Enfin l'imagier, ne sachant où se prendre dans la série de longs discours qui termine le livre de Job, consacre les reliefs du dernier registre : *E 1, 2, 3* et *4*, tous aujourd'hui dans un état lamentable, à représenter Job récupérant ses trésors, ses troupeaux et ses enfants.

Les quatre pinacles du trumeau abritent de gracieuses figures d'anges dont la fig. 7 donne une idée approximative.

2. HISTOIRE DE JACOB
(*Ébrasement de la porte, à gauche*)

L'histoire de Jacob est peut-être un peu moins ancienne que celle de Job dans l'iconographie chrétienne. Elle semble n'être apparue qu'avec les grandes suites narratives de la Bible, par exemple dans les mosaïques de Sainte-Marie Majeure, mais le moyen âge qui développa si abondamment, à la suite des Pères, le symbolisme de l'Ancien Testament ne pouvait négliger Jacob *patriarche* (« Gesta igitur patriarcharum futurorum mysteria sunt », avait dit saint Ambroise), Jacob *préféré à Ésaü* et par là devenu représentatif de la nouvelle alliance. — Les bibles historiales [3] développent abondamment le symbolisme touffu

1. Expression de la *Bible française* du XIIIe siècle.
2. Abbé Bulteau, *Monographie de la cathédrale de Chartres*, 1891.
3. *Psautier de saint Louis*, Bibliothèque nationale 10525.

de l'histoire de Jacob. Mais les Bibles latines ou les psautiers, en général plus sobres, se contentent de résumer sa vie en quelques illustrations typiques. Alors sa naissance parfois, plus souvent la vision de l'échelle, l'onction de la pierre et la mystérieuse lutte avec l'ange, sont les sujets choisis [1].

Dans les vitraux, je ne vois à citer que le vitrail de la Sainte Chapelle (deuxième fenêtre) qui, d'ailleurs, est très bref lui aussi (six scènes seulement). Jacob figure dans la plupart des sculptures de voussures d'églises gothiques consacrées à l'ancien Testament, mais ces représentations ne constituent pas une histoire de sa vie [2]. On voit que la série de bas-reliefs de Rouen a pour elle la rareté relative du sujet [3] à l'époque où elle a été exécutée.

A 1 (fig. 8) « Lorsque le temps que Rébecca devait accoucher fut venu, elle se trouva mère de deux jumeaux » (*Gen.*, xxv, 34). Rébecca est couchée sur son lit, un bras hors des draps, avec un air de lassitude heureuse. A la tête du lit se tient le patriarche Isaac qui pose la main sur le front de sa jeune femme dans une caresse très délicate. Deux servantes sont debout, chacune tenant dans ses bras un des nouveau-nés. Le sentiment, le tact qui se manifestent dans cette petite composition en font un morceau tout à fait précieux [4]. Le lit sur lequel est couchée Rébecca et que nous retrouverons bien souvent, dans les bas-reliefs de Rouen comme dans ceux de Lyon, est le lit le plus rudimentaire du xiiie siècle, un simple cadre reposant sur des pieds de bois, et recouvert

1. 166 français, Bibliothèque nationale.
2. Jacob figure aussi, mais à titre purement symbolique (bénissant Ephraim et Manassé) dans plusieurs très célèbres œuvres du xiiie siècle à tendances nettement théologiques, telles que le vitrail de Bourges, ceux de Tours et du Mans. Cahier et Martin, *Vitraux de Bourges*, Paris, 1842-1844.
3. L'histoire de Jacob est racontée aux chambranles du portail de Trani, Italie, xiie siècle.
4. Le 166 français de la Bibliothèque nationale (*Bible moralisée*) représente d'une façon très précise la naissance de Jacob et d'Esaü et Jacob *tient le pied de son frère*, suivant la lettre du texte.

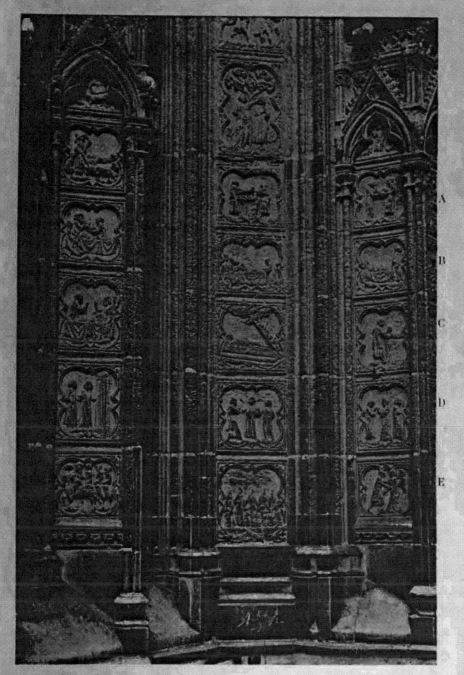

A
B
C
D
E

Fig. 10. — Portail de la Calende. Ensemble de trois piles (face)
du côté gauche du soubassement. Histoire de Jacob.

danssa partie antérieure d'une ample draperie qui, seule, lui
donne une signification décorative.

Quand le personnage est couché, il a la tête assez bas, soutenue (comme, ici, celle de Rébecca) par un seul petit oreiller
plat. Mais parfois le lit paraît comporter une sorte de
dossier et le haut du buste de la personne couchée s'appuie
sur des coussins. Des draps qui ne *bordent* pas, mais recou-
vrent simplement le corps, retombent sur la draperie du lit.

A 2 (fig. 9). « Esaü devint habile à la chasse et
s'appliquait à cultiver la terre, mais Jacob était un homme
simple et demeurait retiré à la maison » (*Gen.*, xxv, 27).
— Dans un paysage synthétiquement exprimé par deux
arbres, d'ailleurs fort jolis, avec leurs masses de feuillage
simplifiées, Esaü, en robe courte, tenant à la main un long
épieu, sonne du cor, tandis qu'un cerf aux bois vénérables
s'enfuit, poursuivi par trois chiens dont deux l'ont déjà
saisi et le happent à pleine chair.

Cette petite scène respire la fraîcheur et la rusticité.

A 3 (fig 8). Jacob pasteur. — Jacob, coiffé d'un chapeau
conique à larges bords, ayant près de lui son chien fidèle,
mène ses brebis au pâturage.

A 4 (fig. 9). « Un jour, Jacob ayant fait cuire de quoi
manger, Esaü survint des champs, étant fort las, et il dit
à Jacob : « Donnez-moi de ce mets roux que vous avez fait
cuire » (*ibid.*, 29, 30). — Jacob est devant une sorte de petit
meuble dont je n'ai pas trouvé d'équivalent dans les documents graphiques, probablement un fourneau de terre cuite
sur lequel reposent deux ou trois vases de forme différente.
Esaü interpelle Jacob avec animation tandis que son chien,
la queue en trompette, hume l'odeur du « mets roux » avec
un air de concupiscence évidente.

A 5 (fig. 8). « Jacob dit à Esaü : Vendez-moi votre droit d'aînesse. Esaü lui répondit : Je me meurs, de quoi me servirait mon droit d'aînesse ? Jurez-le moi donc, lui dit Jacob » (*ibid.*, 31, 32, 33). — Jacob et Esaü sont devant le même petit meuble au-dessus duquel leurs mains se joignent pour le serment.

A 6 (fig. 10). Ici se place, probablement par une erreur de pose un motif exactement semblable au *A 9* suivant et qui n'a rien à faire à l'endroit de la narration où nous sommes.

C'est le seul exemple que nous ayons trouvé d'une de ces répétitions assez fréquentes chez les peintres verriers et qui doivent provenir d'une erreur dans la distribution des divers sujets aux divers ouvriers.

A 7 (fig. 11 et 13)[1]. « Isaac étant devenu fort vieux, ses yeux s'obscurcirent de telle sorte qu'il ne pouvait plus voir. Il appela donc son fils Esaü .... et lui dit : Prenez vos armes, votre carquois et votre arc et sortez dehors et lorsque vous aurez pris quelque chose à la chasse, vous me l'apprêterez comme vous savez que je l'aime et vous me l'apporterez afin que j'en mange et que je vous bénisse avant que je meure » (*ibid.*, xxvii, 1 à 4). Cette seconde chasse d'Esaü est une réplique moins fine du *A 2*.

A 8 (fig. 12). « Rébecca dit à Jacob son fils : allez-vous-en au troupeau et apportez-moi deux des meilleurs chevreaux que vous trouverez afin que j'en prépare à votre père une sorte de mets que je sais qu'il aime et qu'après que vous le lui aurez présenté et qu'il en aura mangé il vous bénisse avant qu'il meure » (*ibid.*, 9, 10). — Ce médaillon, assez insignifiant et d'ailleurs en mauvais état, représente le conciliabule de Rébecca avec Jacob.

1. Lorsqu'il y a deux références de figures, la seconde se rapporte à un détail du même sujet.

A 9 (fig. 11). Jacob apporte les chevreaux à Rébecca (détail p. 136).

A 10 (fig. 12). Jacob et Rébecca, installés des deux côtés d'une table s'occupent activement à dépouiller l'un des chevreaux, tandis que l'autre gît à terre.

A 11 (fig. 11). « Et Rébecca mit autour des mains de Jacob la peau des chevreaux et lui en couvrit le cou partout où il était découvert » (*ibid.*, 16). — Rébecca habille Jacob. Cette série de petites scènes à deux personnages est, il faut en convenir, d'une certaine monotonie.

B 1 (fig. 8). « Jacob, porta le tout devant Isaac et lui dit : mon père je suis Esaü votre fils aîné ... Levez-vous, asseyez-vous sur votre lit afin que vous me donniez votre bénédiction » (*ibid.*, 19). — Jacob, portant, d'une main un plat qu'on dirait fumant, et de l'autre un broc de vin, s'approche du lit où le patriarche est couché.

B 2 (fig. 9). « Jacob s'approcha de son père, et Isaac, l'ayant tâté, dit : Pour la voix c'est la voix de Jacob mais les mains sont celles d'Esaü » (*ibid.*, 22). — Isaac s'est soulevé sur son lit et tâte les mains et le cou de Jacob avec un geste d'une vérité saisissante.

B 3 (fig. 8). « Mon fils, dit Isaac, apportez-moi à manger de votre chasse afin que je vous bénisse » (*ibid.*, 25) — Le patriarche rassuré mange et boit ce que lui a apporté Jacob qui le sert respectueusement. Il est assis dans son lit et *vêtu*, contrairement à la tradition presque invariable des peintures de manuscrits.

B 4 (fig. 9). « Isaac lui dit ensuite : Approchez-vous, mon fils, et venez me baiser. Il s'approcha donc de lui et le baisa » (*ibid.*, 26). — Isaac embrasse son fils dans une étreinte pleine de tendresse et d'effusion.

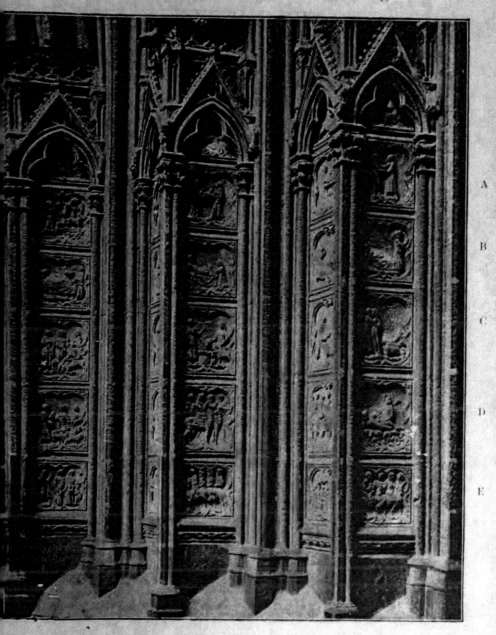

Fig. 11. — Portail de la Calende. Ensemble de trois piles (retour)
du côté gauche du soubassement. Histoire de Jacob.

B 5 (fig. 8). Bas-relief presque effacé. Jacob à genoux écoute les paroles de la bénédiction d'Isaac.

B 6 (fig. 10). Jacob sort de la chambre.

B 7 (fig. 11). « Isaac ne venait que de finir de parler quand Esaü entra et que, présentant à son père ce qu'il avait apporté de sa chasse, il lui dit : Levez-vous, mon père, et mangez de la chasse de votre fils, afin que vous me donniez votre bénédiction » (*ibid.*, 30, 31). — Dans une scène qui paraît répéter exactement une des précédentes, on voit Esaü, à son tour, apporter la viande et le vin.

B 8 (fig. 12). Isaac explique à Esaü la substitution de Jacob. Esaü écoute avec un air d'indignation.

B 9 (fig. 11). « Esaü lui repartit : N'avez-vous donc qu'une bénédiction ? Je vous conjure de me bénir aussi ... Et Isaac, en étant touché, lui dit : Votre bénédiction sera dans la graine de la terre et dans la rosée du ciel » (*ibid.*, 38, 39). — Esaü à genoux implore la bénédiction d'Isaac.

B 10 (fig. 12). Toujours à genoux, Esaü reçoit la bénédiction que lui donne Isaac de sa droite levée.

B 11 (fig. 11). Puis Esaü quitte la chambre avec colère. Il porte, sur ce bas-relief, une sorte de chaperon.

C 1 (fig. 8). « Rébecca envoya quérir son fils Jacob et lui dit : Voilà votre frère Esaü qui menace de vous tuer, mais, mon fils, croyez-moi, hâtez-vous de vous retirer vers mon frère Laban qui est à Haran ; vous demeurerez quelques jours avec lui jusqu'à ce que la fureur de votre frère s'apaise » (*ibid.*, 42, 43, 44).

Ce motif présente un nouveau conciliabule entre Rébecca et son fils. Mais il est intéressant, parce qu'on y peut observer une draperie de la robe de Rébecca, qui, tout en étant relevée de la main gauche, n'offre aucun des plis en volute caractéristiques du xive siècle.

C 2 (fig. 9). « Rébecca dit ensuite à Isaac : La vie m'est
devenue ennuyeuse à cause des filles de Heth qu'Esaü a
épousées. Si Jacob épouse une fille de ce pays, je ne veux
plus vivre » (*ibid.*, xxvii, 46). — Rébecca parle avec animation au patriarche assis dans son lit, l'air anxieux, et, dans
un geste vif, elle appuie une main sur le genou d'Isaac.

C 3 (fig. 8). « Isaac, ayant donc appelé Jacob, le bénit et
lui fit ce commandement : Ne prenez point, lui dit-il, une
femme d'entre les filles de Chanaan, mais allez en Mésopo-
tamie qui est en Syrie, en la maison de Bathuel, père de
votre mère, et épousez une des filles de Laban votre oncle »
(*ibid.*, xxviii, 1, 2). — Ce motif répète exactement un des
précédents ; c'est une nouvelle « bénédiction de Jacob ».

C 4 (fig. 9). « Jacob, étant donc sorti de Bersabée, allait à
Haran et, étant venu en un certain lieu, comme il voulait
s'y reposer après le coucher du soleil, il prit une des pierres
qui étaient là et la mit sous sa tête et s'endormit au même
lieu » (*ibid.*, 10, 11). Jacob dispose pour s'y étendre ensuite
une longue et large pierre en forme de table.

Il n'est pas inutile de faire remarquer ici que cette
pierre, et l'onction que Jacob versa sur elle ont paru aux
pères de l'Église le symbole de l'autel et du sacrifice chrétien
et que la Liturgie de la consécration des Églises contient, au
moment de la bénédiction de l'autel, cette antienne :
« Assumpsit Jacob petram [1] ».

C 5 (fig. 8). « Alors il vit en songe une échelle dont le pied
était appuyé sur la terre et le haut touchait au ciel et les
anges de Dieu montaient et descendaient le long de l'échelle
(*ibid.*, 12) ; ce motif, malheureusement très mutilé dans notre

_____
1. *Pontificale romanum.*

série, est un des sujets chers à l'iconographie des manuscrits et qui le devinrent plus tard à la grande peinture. Ici
Jacob est représenté étendu sur la pierre : du pied de son
lit part en diagonale l'échelle dont la tête se perd dans les
nuages et le long de laquelle on ne distingue plus que des
formes confuses.

C 6 (fig. 10). « Jacob se levant donc le matin, prit la pierre
qu'il avait mise sous sa tête et l'érigea comme un monument au Seigneur en répandant l'huile dessus » (*ibid.*, 18). —
Jacob, debout devant un autel rudimentaire, fait le geste de
répandre l'huile sur la pierre.

C 7 (fig. 11). « Jacob continua son chemin et arriva au
pays qui était vers l'Orient. Il entra dans un champ où il
vit un puits et trois troupeaux de brebis qui se reposaient
auprès, car on y menait boire les troupeaux et l'entrée en
était fermée d'une grande pierre » (*ibid.*, xxix, 2).

Ce bas-relief ouvre une série de petites scènes pastorales
du sentiment le plus touchant. Ce frais et intime amour de la
nature que nous avaient déjà révélé chez les artistes du
moyen âge bien des compositions charmantes, éparses çà
et là dans les calendriers sculptés des cathédrales, nous le
retrouverons ici et il peut librement s'exprimer dans toute une
suite de sujets consacrés à la vie rustique. Combien il est à
regretter que ces morceaux soient aujourd'hui si frustes
et si dégradés !

Jacob rencontre ici deux pasteurs du pays de Haran et
les trois troupeaux sont résumés en quelques brebis rendues
avec un accent très juste (dét. p. 160).

C 8 (fig. 12). Bas-relief très mutilé. Jacob se tient debout
auprès du puits fermé qu'entourent les troupeaux.

C 9 (fig. 11 et 14). « Ils parlaient encore (Jacob et les pas-

teurs) lorsque Rachel arriva avec les brebis de son père, car
elle menait paître elle-même le troupeau » (ibid., 9). — Cette
composition, un peu plus intacte que les autres, est écrite
d'une façon intéressante. Les figures de Jacob et Rachel s'équi-
librent aux deux extrémités du bas-relief, séparées par le
puits et par les brebis qui semblent humer l'odeur de l'eau.
On ne sait lequel des deux, le texte ou son commentaire
figuré, exprime le mieux le charme de la vie pastorale.

C 10 (fig. 12). « Jacob, l'ayant vu, et sachant qu'elle était
sa cousine germaine et fille de Laban, son oncle, ôta la pierre
qui fermait le puits » (ibid., 10). — Jacob lève la pierre pour
faire boire les brebis qui se pressent dans un mouvement
plein de justesse, tandis que le chien de berger assis sur un
petit tertre, semble surveiller la scène.

C 11 (fig. 11). « Et ensuite, ayant fait boire son troupeau
il la baisa, en haussant la voix et en pleurant » (ibid., XXIX,
17). — Il ne se peut rien de plus simple et de plus dis-
cret que cette petite scène. — Les brebis désaltérées
paissent doucement aux pieds de Jacob et Rachel qui s'embrassent dans un geste à la fois très contenu et très
tendre.

D 1 (fig. 8). Trois hommes, dont un très âgé, abordent
une femme longuement drapée qui relève sa robe en beaux
plis. — Je n'ai pu parvenir à identifier exactement cette
scène.

D 2 (fig. 9). « Laban ayant appris que Jacob, fils de sa
sœur, était venu, courut au devant de lui et l'embrassa
étroitement et, l'ayant baisé plusieurs fois, le mena en sa
maison » (ibid., XXIX, 13). — Jacob et Laban s'embrassent. —
Il est possible que le motif précédent représente Rachel
annonçant à Laban l'arrivée de Jacob, quoique cette inter-

prétation ne paraisse pas conforme à l'illustration littérale
dont sont coutumiers nos sculpteurs.

D 3 (fig. 8). Laban invite Jacob à entrer dans un charmant petit édifice gothique d'une forme élancée.

D 4 (fig. 9). « Jacob servit Laban sept ans pour Rachel »
(*ibid.*, xxix, 20). Encore une scène de vie pastorale. Les
attitudes des brebis allongeant le cou et passant leur tête
l'une au-dessus de l'autre, sont sûrement observées sur
la nature, mais Jacob est, cette fois, bien raide et bien
gauche.

D 5 (fig 8). Laban donne à Jacob Lia ou Rachel. Il tient
dans sa main droite la main de Jacob, dans sa gauche la
main de sa fille et unit les fiancés.

D 6 (fig. 10). Laban s'écarte discrètement. Jacob semble
passer l'anneau des fiançailles au doigt de l'épouse promise.

D 7 (fig. 11 et dét. p. 160). Jacob pasteur au milieu de
ses troupeaux et *avec Rachel et Lia* (Un des deux mariages,
cependant, n'a pas été représenté). — Voici probablement l'épisode auquel est consacré ce médaillon : « Jacob
envoya quérir Rachel et Lia et les fit venir dans le champ
où il faisait paître ses troupeaux et il leur dit : « Je vois
que votre père ne me regarde plus du même œil, qu'il
faisait auparavant » (*Gen.*, xxxi, 4. 5).

D 8 (fig. 12). Un homme conduit des troupeaux. Ce peut
être Jacob, séparant son bien de celui de son beau-père.

D 9 (fig. 11 et 14). « Jacob fit donc monter ses femmes et
ses enfants sur des chameaux et se mit en chemin pour aller
retrouver son père au pays de Chanaan » (*ibid.*, xxxi, 18).
Voici le premier type d'un motif que nous allons voir se
reproduire avec la prolixité habituelle à nos imagiers.
Chaque fois qu'ils auront à représenter un départ ou une

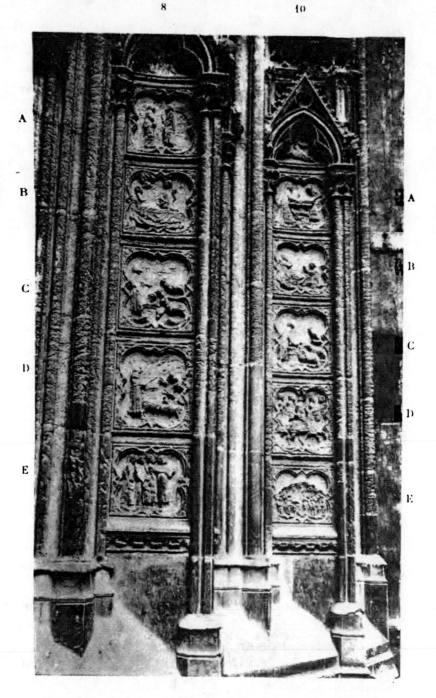

Fig. 12. — Portail de la Calende. Ensemble de deux piles (face)
du côté gauche du soubassement. Histoire de Jacob.

arrivée, ils profileront ainsi cavaliers et montures dans une
ordonnance symétrique. Il semble y avoir là la trace d'un
patron uniformément suivi, ce qu'on pourrait appeler le
« canon ou cliché du voyage ». Ici notre sculpteur, ayant
l'intention de nous montrer des chameaux, a fait tout ce
qu'il a pu pour traduire les formes insolites pour lui de cet
animal. On sait que, depuis les croisades, le chameau avait
été introduit dans la zoologie figurée du moyen âge, mais
malgré les bons exemples sculptés à la façade des cathédrales d'Amiens et de Paris (sur le bouclier de la figure
représentant la vertu d'obéissance), on voit que nos imagiers le connaissaient encore peu. Ils nous présenteront
successivement plusieurs tentatives qui tiendront le milieu
entre le cheval et le chameau, sans prendre nettement parti.
Ce médaillon est d'ailleurs le meilleur de la série.

D 10 (fig. 12). Je pense que ce bas-relief représente Laban
poursuivant Jacob. « Laban fut averti le troisième jour
que Jacob s'enfuyait, et aussitôt ayant pris avec lui ses
frères, il le poursuivit pendant sept jours » (*ibid.*, xxxi, 22,
23).

D 11 (fig. 11). « Mais Dieu lui apparut en songe et lui dit :
« Prenez garde de rien dire d'offensant à Jacob » (*ibid.*, xxxi,
24). — Laban est étendu sur un terrain traité avec une exagération de mouvement qui le fait ressembler à une mer agitée,
inadvertance de sculpteur fréquente à Rouen et à Lyon.
Le Seigneur, qu'il est facile de reconnaître au nimbe crucifère dont on aperçoit encore l'indication, lui apparaît.

La tête, d'ailleurs, est mutilée, ainsi que celle de Laban.

E 1 (fig. 8). Laban a rejoint Jacob et lui adresse sans
doute les propos qui remplissent les paragraphes iii et iv du
chapitre XXXI de la Genèse. A la gauche de Jacob sont
Rachel et Lia, tenant chacune par la main un petit enfant.

E 2 (fig. 9). « Alors Jacob prit une pierre et, en ayant dressé un monument, il dit à ses frères : « Apportez des pierres » et, en ayant ramassé plusieurs, ils en firent un lieu élevé et mangèrent dessus » (*Gen.*, XXXI, 45, 46). — Cette petite scène est joliment groupée et s'écarte tout à fait du cliché ordinaire, du repas dont nous verrons tout à l'heure des exemples.

Ici, le récit de la Bible a été suivi à la lettre : la table est posée sur des pierres et le groupe de Jacob, de Laban et des deux femmes dont, par miracle, têtes et coiffures sont presque intactes, des deux petits enfants debout dans le coin du tableau, tout cela se compose dans une atmosphère pittoresque et familière vraiment séduisante.

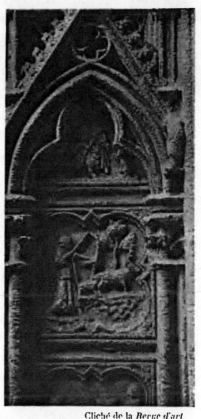

Cliché de la *Revue d'art*

Fig. 13. — Histoire de Jacob (détail).

E 3 (fig. 8). Départ de Laban ou de Jacob.

E 4 (fig. 9). « Jacob, continuant son chemin, rencontra des anges de Dieu » (*ibid.*, XXXII, 1). — Jacob et ses deux femmes abordent deux anges debout vêtus de longues robes collantes à beaux plis souples dans le bas. Leurs ailes sont courtes, comme gênées dans leur développement par la dimension du cadre. Nous verrons au portail des Libraires une admirable figure d'ange bien autrement ample et dont nous donnerons un bon détail (fig. 64).

E 5 (fig. 8). Bas-relief presque complètement effacé. Je pense qu'il représente le passage du gué de Joba (*ibid.*, xxxii, 22) car on discerne confusément quatre figures de femmes et toute une troupe de petits enfants au premier plan : « Il prit ses deux femmes et leurs deux servantes avec ses onze fils et passa le gué de Joba ».

E 6 (fig. 10). « Après avoir fait passer tout ce qui était à lui, il demeura seul en ce lieu-là et il parut en même temps un homme qui lutta contre lui jusqu'au matin. Cet homme, voyant qu'il ne pouvait le surmonter, lui toucha le nerf de la cuisse qui se sécha aussitôt » (*ibid.*, xxxii, 25). — La lutte est représentée de façon assez rudimentaire et le geste de l'ange, touchant la cuisse de Jacob, ne manque pas d'une certaine gaucherie.

E 7 (fig. 11). « Jacob, levant les yeux, vit Esaü qui venait avec quatre cents hommes et il partagea les enfants de Lia, de Rachel et des deux servantes. il mit à la tête les deux servantes avec leurs enfants... Lia avec ses enfants au second rang, Rachel et Joseph au dernier » (*ibid.*, xxxiii, 1, 2). — Jacob debout, la main levée pour le commandement, préside à cette division dont parle la Bible. Femmes et enfants sont en mouvement pour se mettre aux places désignées, et cette petite scène a beaucoup d'animation.

E 8 (fig. 12). « Alors Esaü courut au-devant de son frère, l'embrassa, le serra étroitement, et le baisa en versant des larmes et, ayant levé les yeux, il vit les femmes et les enfants, et il dit à Jacob : « Qui sont ceux-là ? sont-ils à vous ? » (*ibid.*, xxxiii, 4, 5). — Jacob et Esaü s'embrassent étroitement en effet, mais, tout en étreignant son frère, Esaü a détourné la tête, et il aperçoit ainsi les deux femmes qui se trouvent à sa gauche, tenant devant elles leurs petits enfants.

E 9 (fig. 11). Départ d'Esaü.

E 10 (fig. 12). Les tentes de Socoth. « Jacob vient à Socoth et, ayant bâti une maison et dressé ses tentes, il appela ce lieu Socoth, ce qui veut dire : les tentes ».

Médaillon très mutilé : on discerne cependant une forme de tente circulaire, et diverses figures qui y sont abritées

E 11 (fig. 11). Enfin Jacob se met en route pour Salem, et un groupe de trois informes chameaux indique le départ de sa caravane.

PINACLES

J'avais cru me trouver devant les figures des pinacles 1. 2, 3, 4 (fig. 8 et 9) en face des symboles des évangélistes.

Il y a en effet un aigle (*2* fig. 9), un lion ailé (*3* fig. 8), un bœuf ailé (*4* fig. 9). mais alors le pinacle *1* (fig. 8) devrait abriter un homme ou un ange, et c'est encore une sorte de dragon ailé. Je crois donc qu'il faut abandonner ce système et conclure humblement à la fantaisie de l'artiste.

Le pinacle *6* (fig. 10) peut être une figure de Daniel dans la fosse aux lions.

Le *7* (fig. 11 et 13) montre un centaure drapé faisant danser un chien aux sons d'un violon. C'est là un type de caricature absolument classique au moyen âge. Les livres à miniatures en sont remplis. L'album de Villard de Honnecourt en contient l'indication. Th. Wright [1] voit dans des représentations de ce genre la satire des ménestrels, qui n'ont pas

---

1. *Histoire de la caricature...* Traduction française.

été plus épargnés dans la littérature comique du moyen
âge que les seigneurs féodaux et le clergé.

Le pinacle *8* (fig. 12 abrite un couronnement de la
Vierge en réduction extrêmement fin et où il faut remarquer que la Vierge est à *genoux*, chose fort rare jusqu'aux
débuts du xv⁰ siècle, où on la voit ainsi représentée dans
la statuaire monumentale, au portail de la Ferté-Milon.

Le *9* (fig. 11 et détail, p. 136 , absolument différent d'esprit,
présente une variation du thème bien connu de la conversation amoureuse. Ici le geste est vif, et l'on ne peut s'empêcher
d'éprouver quelque étonnement de voir ce sujet en cette place.
Au début du xiii⁰ siècle, les groupes de ce genre qui ont pourtant, comme raison d'être, de figurer la Luxure, sont à Paris,
Chartres, Amiens, d'une infinie discrétion. Les manuscrits
s'émancipent les premiers, et ce thème, qui s'y répète jusqu'à satiété, a deux significations, semble-t-il : tantôt il a
nettement pour rôle de figurer les passions coupables, et
alors un autre symbole, tel qu'une sirène, ou bien au contraire un sujet religieux antithétique, la Crucifixion, par
exemple, mis en parallèle immédiat, en soulignent le sens,
tantôt il figure comme une simple arabesque dans ces marges
fleuries dont les manuscrits les plus graves s'égaient parfois.
Dans les ivoires, ce sujet est un des plus fréquent qui soient.
Dans les soubassements de Lyon, il abonde. — A Auxerre, un
charmant cul-de-lampe du xiv⁰ siècle dans une chapelle du
transept en donne une réplique extrêmement jolie. Le motif
de Rouen, pour déplacé qu'il soit ici, est, en lui-même,
un très charmant morceau de sculpture souple et vive.

Le pinacle *10* (fig. 12) est rempli par un cheval au
galop et son cavalier.

Le *11* enfin abrite une jolie figure de moine devant son
scriptional (fig. 11).

La pile haute de quatrefeuilles superposés à la limite de l'ébrasement du portail contient immédiatement au-dessus d'un sujet de l'histoire de Jacob A' 5 (fig 8), un très beau motif tout à fait dans le style et la tradition du meilleur xiiie siècle. C'est une femme et un homme debout à l'abri d'un arbre au feuillage touffu. Un sujet analogue a parfois représenté le mois de mai ou juin. Il se retrouve à Lyon [1].

Au-dessus encore (non-reproduit), c'est une jongleresse dansant sur la tête [2], comme au chapiteau de Saint-Georges de Boscherville (xiie siècle), au musée archéologique de Rouen et comme au portail Saint-Jean de la cathédrale. Un ménestrel l'accompagne des sons d'un violon.

Au-dessus, deux sirènes, dont l'une poisson et l'autre

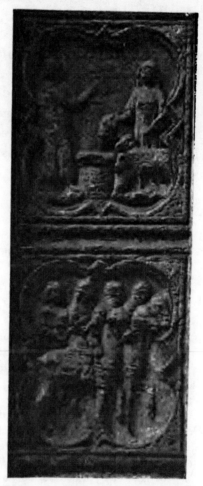

Fig. 14. — Histoire de Jacob (détail

1. Cf. Bégule et Guigne, *Monographie de la Cathédrale de Lyon*, Lyon, 1880, f[o] : Grand portail, côté droit, face (Pl. II, 6 D). Porte gauche (Pl. I . Pinacle (Pl. A).
2. Gravé par Adeline, *loc. cit.*

oiseaux (je parlerai plus en détail des sirènes à propos du portail des Libraires).

Puis, toujours en montant, conversation de deux personnages fantastiques munis d'ailes.

Luttes de deux personnages.

Figure de femme sortant d'un monstre (je parlerai plus loin de ce type iconographique).

Un édifice d'où sort un personnage, un autre à la porte. Les quatre sujets, superposés à la partie la plus haute, sont indéchiffrables.

3. Histoire de Joseph

(Ébrasement de la porte à droite)

Contrairement à ce que nous avons cru pouvoir constater pour les Vies de Job et de Jacob, le sujet de Joseph, plus tardif, semble-t-il, dans l'art chrétien, a aussitôt, et toujours au moyen âge, été traité sous la forme narrative.

Joseph, fils de Jacob, est figure du Christ par excellence. « La valeur christologique de l'histoire de Joseph est reconnue par tous les Pères », dit le P. Cahier [1], et il fait ressortir, en résumant l'enseignement théologique, toutes les concordances de la vie de Joseph (envoyé par son *père* vers ses *frères*, haï par eux, *vendu* pour de l'argent, persécuté, prisonnier pendant *trois* ans, finalement triomphant et toujours miséricordieux) avec la vie de Jésus-Christ. Mais si telle était l'unique raison du choix de ce sujet par l'art du moyen-âge, il y aurait lieu de se demander comment, dans les œuvres qui nous ont été conservées (réserve qu'il faut toujours faire), n'en figure pas une [2]

1. *Vitraux de Bourges.*
2. Sauf bien entendu les Bibles moralisées à miniatures.

où ce parallèle ait été présenté. Il est donc probable qu'en outre des raisons symboliques profondes qui leur dictaient ce choix, les artistes du xiiie siècle, en particulier, ont été influencés par le caractère touchant de cette admirable histoire .

Le siège de Maximien, évêque de Ravenne (549), trône d'ivoire [1] où sont représentées plusieurs scènes de la vie de Joseph, est un témoin iconographique d'une antiquité respectable [2] et, à quelques siècles de distance, le coffret de la cathédrale de Sens, montre que ce sujet n'avait pas perdu de sa faveur auprès des tailleurs d'ivoire, mais c'est surtout dans les vitraux du xiiie siècle qu'il faut rechercher en France l'histoire iconographique de Joseph. A Chartres, à Rouen même, en deux fenêtres à Bourges, à Auxerre, à la Sainte Chapelle du Palais de Paris, se trouve une verrière de Joseph. — A Tours, MM. Marchand et Bourassé en ont signalé une du xive siècle qui, découverte trop tard, n'a pas trouvé place dans leur monographie [3].

Toutefois, et c'est là seulement ce qui nous intéresse, ni dans ce nombre relativement important de monuments, ni dans les miniatures de manuscrits, je n'ai trouvé la trace d'une tradition précise iconographique qui se serait transmise à Rouen. — Par exemple le vitrail de Bourges et l'admirable psautier de saint Louis contiennent tous les deux une scène un peu en dehors de la narration proprement dite : tous les deux illustrent naïvement le « *Filiae discurrerunt super muros* », paroles de la bénédiction de Jacob sur son fils Joseph [4]. Cette addition n'a pas trouvé place à Rouen.

Quant à l'admirable série du soubassement d'Auxerre consacrée à Joseph, elle fera l'objet d'une comparaison plus détaillée dans les pages qui vont suivre.

---

1. Actuellement encore à Ravenne. Pératé, *Archéologie chrétienne*, Bibliothèque de l'enseignement des Beaux-Arts.

2. La vie de Joseph existe aussi sur les reliefs de l'ambon (détruit) de Sainte-Restituta à Naples (xiie siècle) et s'est retrouvée dans les fresques récemment découvertes de Santa Antiqua, à Rome. Mais les grands ensembles de mosaïques du baptistère de Florence et de l'église Saint-Marc à Venise sont, pour l'Italie du moyen-âge, les monuments les plus considérables qui illustrent cette histoire.

3. *Vitraux de Tours*, Bourassé et Marchand, Paris, 1859, f°. Pour le vitrail de Joseph à la cathédrale de Rouen, Lasteyrie, *Peinture sur verre*, Pl. XXXIII, et *Vitraux de Bourges*.

4. « Les filles ont couru sur les murailles pour voir mon fils Joseph », *Gen.* xlix, 22.

Nous avons dû renoncer à reproduire intégralement les reliefs de l'histoire de Joseph. Presque toutes les parties de face des piles du soubassement sont réduites à un tel état de dégradation qu'il y aurait eu quelque superstition à vouloir photographier des vestiges informes et des linéament absolument frustes.

A 1 (fig. 15 et 16). « Joseph, fils de Jacob, dit à ses frères : « Écoutez le songe que j'ai eu. Il me semblait que je liais avec vous des gerbes dans les champs, que ma gerbe se leva et se tint debout et que, les vôtres étant autour de la mienne, l'adoraient. » (Gen., xxxvi, 17).

A 2 (fig. 17). « Il eut encore un autre songe, songe qu'il raconta à ses frères en disant : j'ai cru voir en songe que le soleil et la lune et onze étoiles m'adoraient ».

Dans ces deux médaillons, Joseph est représenté endormi sur le lit dont nous connaissons déjà la forme [1] : au-dessus de sa tête est représenté l'objet de son rêve et le bas-relief suivant : A 3 (fig. 15), nous le montre racontant à ses frères les songes prophétiques de son exaltation future. Ses frères, pressés autour de lui, et auquel le sculpteur a tenté de donner quelque individualité, les uns, barbus, les autres plus jeunes, imberbes, l'écoutent avec toutes les apparences de l'indignation.

A 4 (fig. 17). « Israël dit à Joseph : vos frères font paître nos brebis dans le pays de Sichem. Venez donc et je vous enverrai vers eux... et vous me rapporterez ce qui se passe » (ibid., xxxvii, 13, 14).

Jacob, avec le geste du commandement, congédie Joseph

---

1. Les deux mêmes sujets existent dans les sculptures d'Auxerre, mais Joseph est représenté couché verticalement. Voir les moulages du musée de Trocadéro.

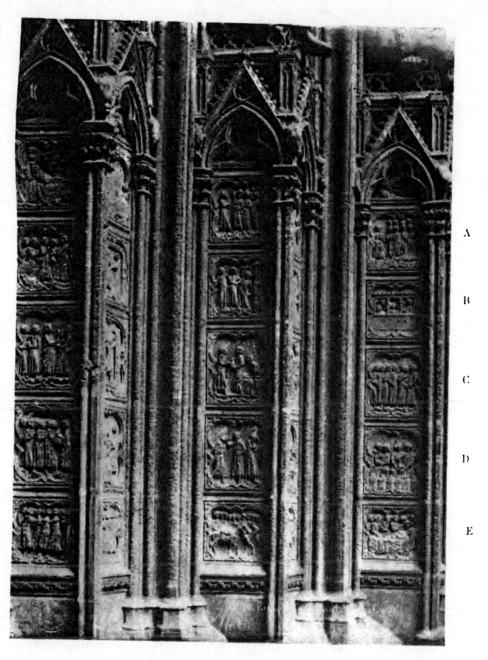

1   3   5

A

B

C

D

E

Fig. 15. — Portail de la Calende. Ensemble de trois piles (face)
du côté droit. Histoire de Joseph.

qui s'en va, portant un pain et une cruche d'eau. (Ce pain
et ce vase qui ne sont pas mentionnés dans le texte figurent
dans presque tous les monuments.)

A 5 (fig. 15 et 18). Joseph arrive vers ses frères qui le
regardent avec une expression menaçante. En comparant
ce motif avec le précédent (*A 3*), il semble que le sculpteur
ait marqué, de l'un à l'autre, une nuance très sensible d'expression dans ces onze petites silhouettes en apparence si
conventionellement groupées et que la défiance de tout à
l'heure ait fait place à la haine (La même scène existe à
Auxerre).

A 6 et 7 (non reproduits). Les frères de Joseph le
plongent dans la citerne, puis le vendent aux Ismaélites.

A 8 (fig. 19).« L'ayant donc tiré, et ayant vu des marchands
Madianites qui passaient, ils le vendirent vingt pièces d'argent
aux Ismaélites qui le menèrent en Egypte » (*ibid.*, 28). —
Les onze frères s'emploient à extraire Joseph de la citerne
avec la même toujours expressive et sobre mimique. Et cette
composition évoque à notre esprit, sans trop souffrir du
voisinage, l'admirable scène semblable des sculptures
d'Auxerre, ce morceau merveilleux d'une matière dorée et
dure comme du marbre et où, dans l'accent, dans le style
passe quelque chose comme un souffle de Donatello
(fig. 66).

A 9 (non reproduit). Joseph est emmené en Egypte et
une barque dont les textes ne parlent pas, montée par cinq
navigateurs, l'emmène loin de son pays (à Auxerre, c'est
un cortège de cavaliers).

A 10 (fig. 19). « Après cela, les frères prirent la robe de
Joseph et, l'ayant trempée dans le sang d'un chevreau
qu'ils avaient tué, ils l'envoyèrent à son père, lui faisant

dire par ceux qui la lui portaient : Voici une robe que
nous avons trouvée : voyez si c'est celle de votre fils ou
non » (*ibid.*, 32). — Un des frères a tué le chevreau et en
égoutte consciencieusement le sang au-dessus de la robe de

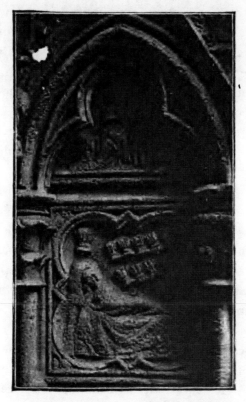

Cliché de la *Revue d'art*.

Fig. 16. — Histoire de Joseph (détail)

Joseph que deux autres tiennent étendue tandis que le reste
de la bande regarde avec intérêt ce qui se passe.

A 11 (non reproduit). Les frères de Joseph apportent sa
robe à Jacob (A Auxerre un caisson de forme longue
représente aussi Jacob recevant d'un de ses fils la tunique
de Joseph).

B 1 (fig. 15). « Cependant les Madianites vendirent Joseph
en Égypte à Putiphar, eunuque de Pharaon et général
de ses troupes » (*ibid.*, xxxvii, 36). La proue d'un petit
navire accoste le sol. Putiphar est là et procède à l'achat,
un sceptre dans une main, une bourse dans l'autre.

B 2 (fig. 17). « Comment la feme Putiphar requiert Joseph
d'amer et comment Joseph li laiche son mantel ». C'est
ainsi que le psautier de saint Louis [1] commente, avec l'inimitable bonhomie du langage d'alors, la délicieuse miniature qu'il consacre à ce sujet [2].

A Rouen, c'est à la porte d'une petite construction sommaire que la scène se passe, scène très simplifiée, où le
geste n'a pas l'habituelle précision expressive. A Auxerre,
ce morceau très mutilé garde encore bien de la grâce et du
charme.

B 3 (fig. 15). « Le maître de Joseph .... le fit mettre
en la prison où l'on gardait ceux que le roi faisait arrêter »
(*ibid.*, xxxix, 19, 20). — Un garde pousse Joseph de force
dans la prison qui est un joli petit château gothique.

La femme de Putiphar, dans une attitude de dignité
offensée, assiste à l'exécution.

Les bas-reliefs de Rouen omettent une scène que ceux
d'Auxerre reproduisent à l'exemple de beaucoup de manuscrits et de vitraux : c'est la dénonciation que « la feme
Putiphar » fait à son mari contre Joseph.

B 4 (fig. 17). « Pharaon étant en colère contre deux officiers, dont l'un commandait à ses panetiers et l'autre à ses

---

1. Manuscrit français, 10525, Bibliothèque Nationale publié par Berthaud,
Paris, 1905.
2. Reproduite dans la *Peinture française*, P. Mantz, Bibliothèque de l'enseignement des Beaux-Arts.

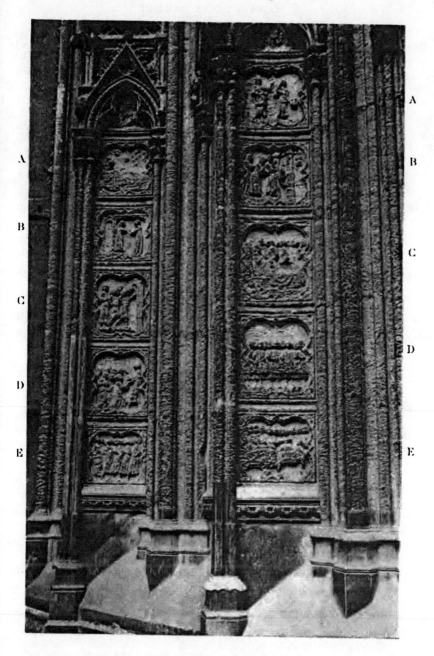

Fig. 17. — Portail de la Calende. Ensemble de deux piles (retour)
du côté droit. Histoire de Joseph.

échansons, les fit mettre dans la prison..... où Joseph était prisonnier» (*ibid.*, xl, 2, 3). — Le même édifice, mais cette fois la tête de Joseph se montre à la fenêtre et deux personnages sont introduits dans la prison. Ce motif et le précédent sont fort jolis (mêmes sujets, à peu près, à Auxerre).

B 5 (fig. 15). Une cellule divisée en trois compartiments. Joseph au centre. Dans les deux autres cases, le panetier et l'échanson, reconnaissables à la corbeille et la coupe placées respectivement au-dessus de chacun d'eux.

B 6 et *7* (non reproduits). L'échanson sort de sa prison et (motif complètement refait) présente à boire à Pharaon.

B 8 (fig. 19). Pharaon rétablit l'un dans sa charge afin qu'il continuât à lui présenter la coupe pour boire et fît attacher l'autre à la croix» (*ibid.*, 21, 22). — Un gibet auquel se balance le pauvre panetier pendu. — C'est ce motif, non compris, qui avait donné cours, autrefois, à Rouen, à la légende d'un grand accapareur de blé dont les méfaits auraient été punis de la corde sur la place même de la Calende et dont les biens confisqués auraient servi à élever le portail du même nom. Nous avons vu, plus haut, dom Pommeraye réfuter cette fable qui reste un singulier témoignage de l'incompréhension qu'ont souvent rencontrée les sujets les plus simples de l'iconographie du moyen âge.

B 9 (non reproduit). Songe de Pharaon : Les vaches grasses et les vaches maigres (existe à Auxerre).

B 10 (fig. 19). Songe des gerbes. « Pharaon... eut un second songe. Il vit sept épis pleins de grains et très beaux qui sortaient d'une même tige et il en vit aussi paraître sept autres fort maigres qu'un vent brûlant avait desséchés » (*ibid.*, xli, 5, 6). Motif charmant. Le roi est couché, couronne en tête, et une ample draperie jetée sur son corps retombe en beaux plis ; au-dessus de lui, à droite, les sept épis pleins dressent leur tête, tandis que les sept vides se penchent lamentablement.

B 11 (non reproduit). Réhabilitation de Joseph.

C 1 (fig. 15). « Pharaon dit à Joseph : Je vous établis aujourd'hui pour commander à toute l'Égypte ; en même temps il ôta son anneau de sa main et le mit à celle de Joseph : il le fit revêtir d'une robe de fin lin et lui mit au cou un collier d'or » (*ibid.*, XLI, 41, 42). — Le roi, tenant son sceptre d'une main, de l'autre une énorme clef, la remet à Joseph. Deux gardes, dont un porte une masse honorifique, se tiennent derrière le roi.

Le psautier de saint Louis représente le collier de la façon la plus naïve et la plus amusante comme un énorme carcan d'or en forme de couronne passé au cou de Joseph.

La réhabilitation de Joseph clôt la série d'Auxerre.

C 2 (fig. 17). « Les sept années de fertilité vinrent donc et le blé, ayant été mis en gerbes, fut serré ensuite dans les greniers de l'Egypte. On mit aussi en réserve dans toutes les villes cette grande abondance de grains » (*ibid.*, XLI, 47, 8). — Sous les ordres de Joseph deux porteurs de sacs se dirigent vers un grenier *schématique* représenté par une jolie haute porte gothique.

C 3 (fig. 15). « Les sept années de stérilité vinrent ensuite selon la prédiction de Joseph : une grande famine survint dans tout le monde, mais il y avait du blé dans toute l'Egypte... et Joseph, ouvrant tous les greniers, vendait du blé aux Egyptiens parce qu'ils étaient tourmentés eux-mêmes de la famine » (*ibid*, XLI, 54, 56). — Un homme tend une bourse à Joseph tandis qu'un autre ferme un sac de grain.

5

C 4 (fig. 17). « Cependant Jacob ayant ouï dire qu'on vendait du blé en Egypte dit à ses enfants : ...Allez chercher ce qui nous est nécessaire afin que nous puissions vivre et ne mourions pas de faim » (*ibid.*, XLII, 1, 2). Jacob, étant très âgé, est supposé malade et représenté couché. Ses enfants se pressent autour de lui (médaillon en très mauvais état).

C 5 (fig. 15). « Les dix frères de Joseph allèrent donc en Egypte pour y acheter du blé..... Joseph commandait dans toute l'Egypte et le blé ne se vendait au peuple que par son ordre » (*ibid.*, 3, 6.)

Joseph reçoit ses dix frères (Benjamin est resté avec Jacob). Ils portent des sacs d'argent destinés à leur achat.

C 6 et 7 (non reproduits). « Joseph commanda à ses officiers de remplir leurs sacs de blé et de remettre dans le sac de chacun d'eux l'argent qu'ils avaient donné... Les frères de Joseph s'en allèrent donc, emportant leur blé sur leurs ânes » (*ibid.*, 25, 26). — Un grand nombre de sacs de grain, dont un ouvert. Un défilé de cavaliers.

C 8 (fig. 19). « Lorsqu'ils furent arrivés chez Jacob leur père au pays de Chanaan, ils lui racontèrent tout ce qui leur était arrivé » (XLII, 29). — Jacob, toujours couché, accueille ses enfants qui lui racontent avec animation leurs aventures. Les sacs de blé figurent dans le tableau au premier plan.

Le motif *9* (non reproduit) continue la représentation de la même scène : il s'agit probablement des instances que font une seconde fois les fils de Jacob auprès de leur père afin qu'il leur laisse emmener Benjamin que Joseph a réclamé. « Juda dit à son père : Je me charge de cet enfant et c'est à moi que vous en demanderez compte. Si je ne le ramène et

vous le rends, je consens que vous ne me pardonniez
jamais cette faute » (*ibid.*, XLIII, 8, 9).

C' 10 (fig. 19). « Israël leur père leur dit donc : Si c'est
une nécessité absolue faites ce que vous voudrez. Prenez
avec vous des plus excellents fruits de ce pays pour en faire
présent à celui qui commande. Portez aussi deux fois
autant d'argent qu'au premier voyage... Enfin menez votre

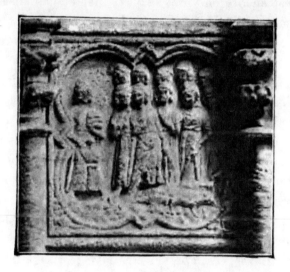

Cliché de la *Rerue d'art.*

Fig. 18. — Histoire de Joseph (détail).

frère avec vous... Cependant je demeurerai seul comme
si j'étais sans enfants » (*ibid.*, XLIII, 11, 14). — Jacob est
toujours étendu sur lit de repos devant lequel sont debout
Juda et Benjamin : il met la main de celui-ci dans celle de
son frère aîné comme pour le lui confier.

C 11 (non reproduit). « Ils prirent donc avec eux les
présents et le double de l'argent avec Benjamin et, étant

partis, ils arrivèrent en Egypte où ils se présentèrent devant
Joseph » (*ibid*, XLIII 15).

D 1 (fig. 15). Joseph... leur demanda : votre père, ce bon
vieillard dont vous m'avez parlé, se porte-t-il encore bien ?
(*ibid.*, XLIII, 26,27). — Joseph est debout et ses frères lui
offrent leurs présents.

D 2 (fig. 17). « Ils lui répondirent : notre père votre serviteur est encore en vie et se porte bien et, se baissant pro-
fondément, ils l'adorèrent » (*ibid.*, 28). Joseph est toujours
debout : ses frères à genoux dans des attitudes variées de
respect et de vénération.

D 3 (fig. 15). « Joseph, levant les yeux, vit Benjamin, son
frère, fils de Rachel leur mère, et il leur dit : Est-ce là le
plus jeune de vos frères dont vous m'avez parlé ?...
Et il se hâta de sortir parce que ses entrailles avaient été
émues en voyant son frère et qu'il ne pouvait plus retenir
ses larmes. »

Ce bas-relief semble présenter deux moments successifs
de la même scène : Joseph bénit Benjamin, puis Joseph se
détourne et s'enfuit pour cacher ses larmes.

D 4 (fig. 17). Et, après s'être lavé le visage il revint, se
faisant violence, et dit à ses gens : Servez à manger... Ils
s'assirent donc en présence de Joseph... et ils burent et
firent grande chère » (*ibid.*, XLIII, 32, 34). Malheureusement
ce motif n'existe plus qu'à l'état de squelette. Le sculpteur
avait-il essayé de traduire la surprise des frères de Joseph
devant la part de Benjamin « cinq fois plus grosse que la
leur ? », nous ne le saurons jamais.

D 5 (fig. 15). « Or Joseph donna cet ordre à l'intendant de
sa maison et lui dit : Mettez dans les sacs de ces personnes
autant de blé qu'ils pourront en tenir et l'argent de chacun

à l'entrée du sac et mettez ma coupe d'argent à l'entrée du sac du plus jeune... Cet ordre fut donc exécuté » (*ibid.*, XLIV, fig. 15, 1, 2.) — Les serviteurs de Joseph sont très occupés à mettre l'argent et la coupe dans onze sacs pareils, scrupuleusement représentés sur deux lignes.

D 6 et 7 (non reproduits). Deux défilés de cavaliers. C'est le départ des fils de Jacob et, probablement, leur poursuite par l'intendant de Joseph.

D 8 (fig. 19). « L'intendant ayant fouillé leurs sacs en commençant depuis le plus grand jusqu'au plus petit, trouva la coupe dans le sac de Benjamin » (*ibid.*, XLIV, 12). — Les hommes de l'intendant procèdent à la fouille. Les sacs sont ouverts et refermés.

Dans le motif suivant *9* (non reproduit) on devine confusément la découverte de la coupe.

D 10 (fig. 19). « Alors, ayant déchiré leurs vêtements et rechargé leurs ânes ils revinrent à la ville... et Juda dit à Joseph : « Si je me présente devant mon père votre serviteur et que l'enfant n'y soit pas, comme sa vie dépend de celle de son fils, lorsqu'il verra qu'il n'est point avec nous il mourra. Que ce soit donc plutôt moi qui sois votre esclave puisque je me suis rendu caution de l'enfant... » Joseph ne pouvait plus se retenir et parce qu'il était environné de plusieurs personnes il commanda que l'on fît sortir tout le monde afin que nul étranger ne fût présent lorsqu'il se ferait connaître à ses frères... Et il leur dit : Je suis Joseph » (*ibid.*, XLIV-XLV, *passim*). Cette composition est assez éloquente dans sa sobriété : la scène n'a que trois acteurs. Joseph tend la main à Benjamin au-dessus de la tête de Juda qui, agenouillé, fait le geste de couvrir avec son corps le corps de l'enfant.

D 11 (non reproduit). « Et, s'étant jeté au cou de Benjamin son frère pour l'embrasser, il pleura, et Benjamin, pleurait aussi, le tenant embrassé. »

E 1 (fig. 15) et *E 2* (fig. 17). « Joseph embrassa aussi ses frères, il pleura sur chacun d'eux. »

Deux bas-reliefs n'ont pas paru à l'artiste être de trop pour représenter une effusion tant de fois répétée, à moins que le second (*E 2*), si mutilé qu'on peut difficilement le déchiffrer, représente les adieux de Joseph à ses frères avant leur départ pour Chanaan.

E 3 (fig. 15). Un groupe de cavaliers indique que ce départ s'effectue.

E 4 (fig. 17). Continuation du même sujet.

E 5 (fig. 15). « Ils vinrent donc de l'Egypte au pays de Chanaan vers Jacob leur père et ils lui dirent cette grande nouvelle : votre fils Joseph est vivant et commande dans toute la terre de l'Egypte. Ce que Jacob ayant entendu, il se réveilla comme d'un profond sommeil, et cependant ne pouvait croire ce qu'ils lui disaient » (*ibid.*, XLV, 26). Le patriarche est représenté, non plus assis dans son lit, mais étendu et tournant le dos à ses enfants qui s'efforcent de le réveiller avec des gestes d'une grande animation.

E 6 (non reproduit). Jacob se lève pour aller voir Joseph avant de mourir.

E 7 (non reproduit). Cortège indéchiffrable de cavaliers. C'est le départ de Jacob pour l'Egypte.

Dans le *E 8* (fig. 19), on distingue le patriarche à cheval au centre, quatre de ses fils l'accompagnent.

E 9 (non reproduit). Vision de Jacob. Dieu apparaît nimbé, dans une chaire à peu près de la même forme que celle qui figure dans l'histoire de Job.

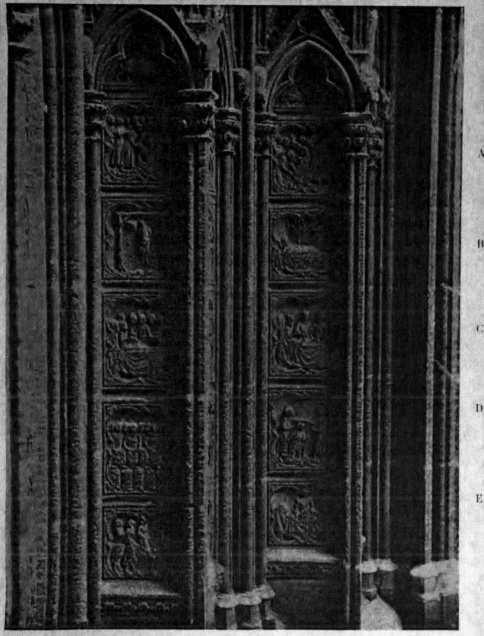

A

B

C

D

E

Fig. 19 — Portail de la Calende. Ensemble de deux piles (face)
du côté droit. Histoire de Joseph.

E 10 (fig. 18). Mort de Jacob. — Ce sujet qui termine presque toujours l'histoire de Joseph dans les vitraux et les peintures de manuscrits et qui y prend une si grande importance symbolique par le fait de la bénédiction intervertie d'Ephraïm et Manassé (seconde substitution de la nouvelle alliance à l'ancienne [1]) est ici traité bien sommairement : Jacob est couché et Joseph se tient seul debout à son chevet.

E 11 (non reproduit). Enfin un nouveau défilé de cavaliers doit indiquer le départ de Joseph pour aller ensevelir son père au pays de Chanaan.

PINACLES

Le pinacle de la pile 1 en partant de la droite du portail est rempli par une charmante nouvelle « conversation amoureuse » d'un accent moins vif que la précédente (détail, fig. 44), mais très supérieure pour la finesse des draperies et l'élégance longue des figures (fig. 16).

2. Un personnage dévoré par un lion (joli morceau), fig. 17.

3. Un ânier portant un sac de blé. C'est un petit tableau de métier tout à fait amusant (fig. 15).

Le 4e pinacle (fig. 17) abrite un sujet absolument consacré dans l'iconographie du xiiie siècle : J.-C. entrant, la croix à la main, dans les Limbes, représentés par un monstre à gueule ouverte, et en faisant sortir les âmes des justes, sous la forme de petites figures nues. C'est là un sujet que la

---

1. L'admirable psautier de Peterborough (Bibliothèque de Bruxelles) présente l'Église et la Synagogue en face de la bénédiction d'Ephraïm et Manassé.

grande sculpture a souvent traité, mais, dans ces minuscules dimensions, il me rappelle plutôt les illustrations de manuscrits où il abonde. Dans un bel Ovide moralisé du xive siècle de la cathédrale de Rouen, conservé maintenant à la Bibliothèque de la ville, manuscrit dont je parlerai plus loin, J.-C. aux limbes apparaît comme une sorte d'hiéroglyphe, chaque fois qu'il s'agit de représenter l'idée de rédemption.

Le 5e pinacle (fig 15) montre la très amusante lutte d'un lion avec une sorte d'homme monstrueux très près de l'animalité.

Le 7e une harpie, le 8e (fig. 19) une femme chevauchant un lion. Je parlerai à propos du portail des libraires de ces représentations qui peuvent être ou avoir été le symbole de la force chrétienne.

Le 9e pinacle abrite un chien dansant sur les pattes de devant, tandis qu'un homme se baisse à terre (quelque prouesse de ménestrel ou jongleur), le 10e, une femme à côté d'un lion, enfin le 11e montre parfaitement représentée, pour la seconde fois, une petite figure féminine sortant du corps d'un énorme dragon. (J'expliquerai ce sujet un peu plus tard.)

La Pile haute à la limite de l'ébrasement du portail contient dans ses quatrefeuilles superposés un arbre de Jessé en miniature. Il est curieux de voir dans cette iconographie du portail de la Calende les motifs les plus augustes et les plus graves de l'art du xiiie siècle réduits à ces proportions minuscules.

4. Histoire de Judith

(*Retour d'angle à gauche*)

L'histoire de Judith, assez rarement représentée dans la sculpture, le vitrail ou la miniature du moyen âge, offre ici un intérêt tout particulier par le caractère étonnamment animé, pittoresque et vivant de ses détails, par plusieurs particularités caractéristique de mobilier, de costume et d'agencement. Elle a un accent si vif — et l'on pourrait dire si moderne, si actuel — en se reportant, bien entendu, au temps où elle a été exécutée — qu'on n'aurait pas de grands changements à y apporter pour l'adapter à l'illustration de quelque chanson de geste.

C'est bien ainsi, dans cet esprit, avec ce style, que ces sculpteurs, si cela avait été la coutume de leur siècle, auraient interprété tel récit merveilleux d'amour, de guerre ou de hasard. Les romans de chevalerie nous parlent des *chastels* et des tours que nous voyons ici, ils nous renseignent sur ces *clotets* qui pouvaient ménager une petite chambre dans le coin d'une immense salle. Ils nous expliquent l'usage de cette perche sur laquelle on étend ses vêtements pendant la nuit, et ce sont des *courtines* semblables à celles-ci qu'ils nous montrent, abritant le sommeil de leurs chevaliers et de leurs dames ; s'ils nous décrivent le costume militaire de leur temps, nous y reconnaissons cette cotte de mailles et ce haubert et cette petite *targe* ronde, et ce baudrier, et cette lance.

Au point de vue symbolique, Judith est une figure de la Vierge Marie, la femme par qui devait être sauvé le peuple de Dieu. La liturgie de l'Église contient dans l'office de

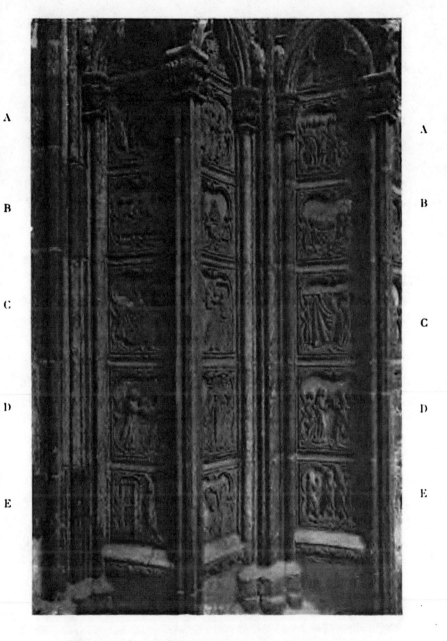

Fig. 20. — Portail de la Calende (Retour d'angle à gauche).
Histoire de Judith.

plusieurs des fêtes de la Vierge, une lecture du livre de Judith. A ce titre, l'image de cette femme forte (de cette *preuse*, comme on dira plus tard) figure dans l'art des cathédrales, généralement placée à la voussure des portails.

A Chartres, son histoire est racontée en cinq épisodes. Un vitrail de la Sainte-Chapelle [1] (douzième fenêtre) offre le meilleur sujet de comparaison iconographique qui soit avec les sculptures de Rouen. Enfin, dans l'illustration des manuscrits, l'histoire de Judith est assez rarement détaillée, mais une scène au moins de sa vie est représentée, soit qu'elle accompagne le texte sacré, soit qu'elle figure isolément comme symbole de la force chrétienne ou de la chasteté.

Dans les sculptures de Rouen, l'interprétation figurée de l'histoire de Judith ne suit pas le texte avec la rigueur que l'on voit tout près de là aux histoires de Job, de Jacob ou de Joseph. Certains faits sont omis, d'autres sont traités avec un luxe de détails qui ne concorde pas avec leur importance relative dans le récit biblique : mais de telles dérogations sont fort intéressantes, car, se retrouvant en tout ou en partie dans des manuscrits contemporains, elles constituent la trace d'une tradition et nous permettent de croire à l'intervention d'une sorte de guide de l'artiste religieux au xiiie siècle, plus ou moins analogue à ce *Guide de la peinture du Mont Athos* que Didron a publié et qui est comme le formulaire de l'art grec chrétien depuis ses origines jusqu'à nos jours.

Malheureusement, ces sculptures ont souffert du trop long voisinage d'échoppes appuyées contre le mur de l'église ;

---

1. Les calques des vitraux de la Sainte Chapelle, relevés au moment de la restauration, sont actuellement en dépôt à la Bibliothèque du Musée du Trocadero.

de ce côté[1], l'on a dû en refaire une partie il y a une quaran-
taine d'années ; mais ces restaurations intelligemment con-
duites, et dont les limites sont très aisément reconnaissables,
n'ont pas altéré le style ou le caractère des petits bas-
reliefs.

On connaît le début du livre de Judith : Nabuchodonozor,
roi des Assyriens, a envoyé son général Holopherne pour
réduire les Israélites. Celui-ci, irrité de la résistance du
peuple de Dieu, a fait attacher à un arbre dans la campagne,
afin de l'y laisser mourir de faim, son subalterne Achior qui
lui représentait avec trop de force la puissance et la valeur
des Hébreux. Puis il a fait garder toutes les fontaines aux
environs de Béthulie, camp des Juifs dans la montagne, afin
de les priver d'eau et de les contraindre à se rendre. Les
chefs des Israélites, épouvantés, décident de se soumettre
dans cinq jours, si le Seigneur ne leur a fait miséricorde
auparavant. « Or il y avait parmi eux une femme parfaitement belle, du nom de Judith, à qui son mari, mort au
temps de la moisson des orges, avait laissé de grandes
richesses. Elle était estimée de tout le monde parce qu'elle
avait une grande crainte de Dieu, et il n'y avait personne qui
dît la moindre parole à son désavantage. Ayant donc appris
qu'Ozias avait promis de rendre la ville dans cinq jours, elle
envoya quérir les anciens du peuple Chabri et Charmi qui
vinrent la trouver et elle leur dit : « Comment donc Ozias
a-t-il consenti de livrer la ville aux mains des Assyriens,
s'il ne nous vient du secours dans cinq jours? » (*Jud.*, VIII,
9, 10).

---

1. Voir Jolimont, *Principaux édifices de la ville de Rouen*, 1845 (reproduction d'un manuscrit de 1525) : Notre-Dame, Pl. II, et du même : *Monuments les plus remarquables de la ville de Rouen*, 1822.

Judith est représentée assise, dans le *A 1* (fig. 20). Chabri et Charmi sont debout devant elle dans une attitude respectueuse ; puis, sans qu'il soit question de la prière de Judith, ce

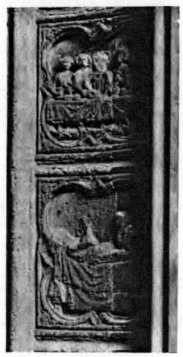

Fig. 21. — Histoire de Judith (détail).

très beau poème comparable à la prière d'Esther, et que vitraux et manuscrits commentent souvent, sans qu'il soit non plus question de sa toilette, qui offrait pourtant un motif pittoresque, de nature à tenter les imagiers, Judith commence dans le *A 2* (fig. 23) à mettre son projet à exécution. « Judith donna à sa servante à porter un vaisseau où il y avait du vin, un vase d'huile, de la farine, des figues sèches, du pain et du fromage et elle s'en alla. Étant arrivée avec sa servante aux portes de la ville, elle trouva Ozias et les anciens qui l'attendaient mais, priant Dieu, elle passa les portes, elle et sa servante » (*Jud.*, x, 5, 6, 10.)

Ce bas-relief semble comporter deux scènes successives : dans la première, Judith, jolie petite figure simplement drapée, prend congé des Israélites aux portes de la ville ; dans la seconde, elle se dirige résolument, suivie de sa *chambrière* « vers l'ost Holophernes », suivant l'expression de la *Bible historiale* [1].

1. Je parlerai plus loin de la *Bible Historiale* et des traductions françaises de la Bible au xiii° siècle.

Puis Judith arrive aux portes du camp ennemi figurées comme celles d'une ville fortifiée (*A 4.* fig. 23). (Je crois qu'il y a eu erreur de pose et qu'il faut lire ce motif avant le *A 3*, qui précède). Judith semble cette fois suivie de deux femmes, et un soldat a pris familièrement l'une d'entre elles par la taille. « Comme elles descendaient de la campagne vers la ville, les gardes avancés des Assyriens la prirent en lui disant : « D'où venez-vous ? Où allez-vous ? » (*Jud.*, x, 11).

Judith est introduite devant le général assyrien dans le *A 3* (fig. 20). Holopherne est assis, la jambe croisée dans l'attitude que la tradition du xııe et du xıııe siècle impose toujours au roi ou au juge. Judith est debout, la robe relevée de la main droite en jolis plis fins : derrière elle, sa suivante, portant « le petit vaisseau », une autre femme et deux soldats.

« Quatre jours après, Holopherne fit un festin à ses serviteurs et il dit à Vagao, un de ses eunuques : « Allez et persuadez à cette femme du peuple hébreu de venir elle-même me trouver. » (*Jud.*, xıı, 10). Nous avons dans le médaillon *B 1* (fig. 20 et 21), très mutilé et très restauré, la représentation type du repas au xıııe siècle. On distingue encore la nappe avec sa jolie draperie gothique, les pains, les vases divers et les silhouettes des convives symétriquement disposés.

Le bas-relief suivant *B 2* (fig. 23) nous représente une femme à genoux servant à boire à un personnage assis. A voir les longs plis de la robe qui passent sous la table, je pense qu'il s'agit là du repas que Judith fait à part, servie par « sa chambrière ». « Judith prit ce que sa servante lui avait préparé, et mangea et but devant lui, et Holopherne fut

tellement transporté de joie en la voyant qu'il but du vin
plus qu'il n'en avait bu dans toute sa vie » (*Jud.*, xii, 19,
20).

Avec le médaillon *B 3* (fig. 20) nous commençons à nous

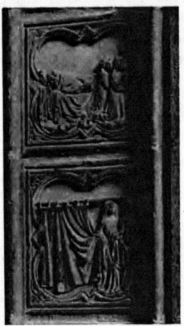

Fig. 22. — Histoire de Judith (détail).

écarter du récit biblique, au
moins dans les détails. Voici
comment s'exprime le texte :
« Holopherne était couché dans
son lit, tout accablé de sommeil par sa grande ivresse, et
Judith commanda à sa servante
de se tenir debout devant la
porte de la chambre et de
prendre garde à ce qui se
passerait. Or, Judith se tient
debout devant le lit, priant
avec larmes et remuant les
lèvres en silence » (*Judith*,
xiii, 6, dét. fig. 22).

Dans la petite scène que
nous avons ici, Holopherne
est bien couché, profon-
dément endormi, mais Judith
et sa servante prient *ensemble* à genoux au pied du lit et,
au-dessus de leur tête, apparaît la main bénissante de Dieu
le Père.

« Ayant parlé de la sorte, elle s'approcha de la colonne
qui était au chevet de son lit et délia le sabre qui y était
attaché, puis, l'ayant tiré de son fourreau, elle prit Holopherne par les cheveux de la tête et elle dit : « Seigneur,
mon Dieu, fortifiez-moi à cette heure » ; elle lui frappa

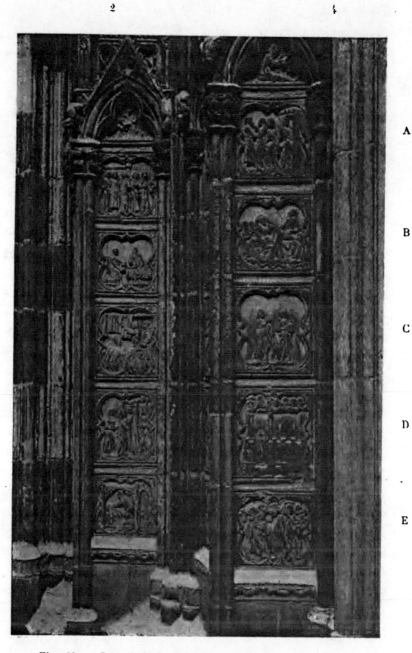

A

B

C

D

E

A

B

C

D

E

Fig. 23. — Portail de la Calende (retour d'angle à gauche).
Histoire de Judith.

ensuite le cou par deux fois et lui coupa la tête, et, ayant
tiré un rideau du lit hors des colonnes, elle jeta à terre son
corps mort » (*Jud.*, XIII, 8, 9, 10).

Judith est debout dans le motif *B* 4 (fig. 23 et 24) ; elle a
relevé le drap qui couvrait Holopherne, toujours profondé-
ment endormi, et son bras armé du glaive s'apprête à lui
trancher dextrement le cou. Au pied du lit, la servante —
toujours par suite de la même infidélité au texte — assiste
immobile au spectacle tragique. Puis Judith (*C* 1, fig. 20
et 21) tenant à la main la tête de sa victime, contemple le lit
où gît le cadavre décapité. (Toute la figure de Judith est
refaite.) Ensuite elle referme sur le lit un rideau que les
motifs précédents ne nous montraient pas et qui semble relevé,
entouré autour de sa tringle (*C* 2, fig. 23). Elle en a pris, sans
doute, le morceau dont parle le récit biblique et le tend à
sa suivante qui porte déjà dans ses mains (*C* 3, fig. 20 et 22)
la tête d'Holopherne. La figure de détail 45 permet de
se rendre compte de la coiffure des deux femmes et de
leurs ajustements. Les plis des robes, les plis de l'étoffe que
tient Judith, ceux du rideau se mêlent sans se confondre avec
une souplesse et un art charmants. Le *C* 4 (fig. 23 et 25)
semble continuer le même entretien entre les deux femmes.
Enfin, dans le *D* 1 (fig. 20), Judith tend à sa servante une
sorte de paquet informe qui est la tête enveloppée dans un
sac. Ainsi nous avons là cinq motifs, dont trois au moins
tout à fait surérogatoires, qui ne concordent nullement avec
les quelques lignes rapides du texte. Il est vrai qu'ils sont
tous excellents, et l'on peut croire que l'imagier a éprouvé,
à les tracer, quelque chose du charme amusé que nous
éprouvons à les regarder et à essayer de les identifier.

« Puis elles sortirent toutes deux, suivant leur coutume,

comme pour aller prier, et, étant passées au delà du camp,
elles tournèrent le long de la vallée et arrivèrent à la porte
de la ville. Alors Judith dit de loin à ceux qui faisaient
garde sur les murailles : « Ouvrez les portes, parce que
Dieu est avec nous et qu'il a signalé sa puissance dans
Israël » (*Jud.*, xiii, 11, 12, 13).

Judith (*D* 2, fig. 23), toujours accompagnée de sa
servante (la figure de la servante est refaite), arrive à la
porte du camp de Béthulie. Cette porte est, comme toujours dans nos sculptures, un joli petit édifice gothique. —
On ferait un amusant relevé architectural de toutes les constructions figurées dans les médaillons du portail de la
Calende et qui sont au nombre de plus d'une vingtaine,
représentant au moins quinze types différents. — Une tête
paraît à l'intérieur de l'édifice, deux autres sur les murs.

« Les gardes, ayant entendu sa voix, appelèrent les anciens
de la ville et tous coururent à elle, depuis le plus petit jusqu'au plus grand... et, tirant de son sac la tête d'Holopherne,
elle la leur montra et leur dit : Voici la tête d'Holopherne,
général de l'armée des Assyriens, et voici un rideau du pavillon dans lequel il était couché, étant ivre, et où le Seigneur
votre Dieu l'a frappé par la main d'une femme » (*Jud.*,
xiii, 15, 19). Judith, suivie de sa chambrière, mise en présence des chefs d'Israël (D 3, fig. 20, et dét., p. 10), leur
remet solennellement la tête coupée.

Les Israélites portent un attirail de guerre complètement
conforme à tout ce que les monuments du temps et les travaux des archéologues établissent comme étant celui du
xiiie siècle : haubert de mailles complet, sans *plates* (c'est-
à-dire, sans ces plaques de fer qui, se généralisant et se
rejoignant peu à peu, devaient arriver à constituer la cui-

rasse); cotte d'étoffe par-dessus, épée dans le fourreau atta-
chée au baudrier, petite targe ronde ou bouclier muni en
son centre d'un renflement circulaire, ou *umbo*, lance.

Ce costume, auquel il ne faut pas pourtant attacher une
importance démesurée (car il existe des monuments funé-
raires du xiiie siècle où l'on voit déjà paraître les *plates*, et,
d'autre part, les manuscrits conservent assez tard dans le
xive siècle, la tradition de l'armure de mailles), avait éveillé
l'attention de Mérimée, visitant la cathédrale de Lyon où
le même détail se rencontre, et, en un temps où la critique
des monuments du moyen âge était encore bien incertaine,
lui avait fait préjuger que les bas-reliefs de Lyon devaient
appartenir au début du xive siècle.

« Aussitôt que le jour parut, ceux de Béthulie suspen-
dirent, au haut de leurs murs, la tête d'Holopherne, et tous,
ayant pris les armes, ils sortirent, en faisant un grand bruit
et de grands cris » (*Jud.*, xiv, 7).

Tout le champ de ce bas-relief (D4, fig. 23 et 25) est occupé
par une imposante forteresse avec tours, tourelles, meur-
trières, courtines et portes bardées de fer et grillées. Le
sommet en est complètement garni de têtes émergeant au-
dessus des merlons et deux mains tiennent, élevée en l'air,
la tête d'Holopherne.

Cette composition est une des plus curieuses, des plus
complètes et significatives que nous ayons encore rencontrées.

Puis les Israélites préparent leur sortie : on les voit défiler hors de leur camp, représenté toujours comme une forteresse (les figures de deux des combattants sur trois sont
refaites).

« Les sentinelles des Assyriens, les voyant venir, coururent à la tente d'Holopherne (*E* 1, fig. 20) et Vagao, prê-

tant l'oreille et n'entendant aucun bruit tel qu'en peut faire
un homme qui dort, il s'approcha plus près du pavillon, et,
le levant, il vit le corps d'Holopherne étendu par terre,
sans tête et tout couvert de sang » (*E* 2, fig. 23, *Jud.*, xiv,
8, 14).

« Vagao a pénétré dans la chambre de son maître, ou plu-

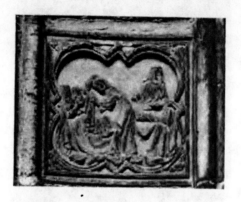

Fig. 24. — Histoire de Judith (détail).

tôt dans ce que (si la restauration est fidèle, car ce motif
est en partie refait), on pourrait croire être un *clotet*, cabinet
provisoire monté dans le milieu d'une grande salle. Il
découvre le lit et va s'apercevoir de la mort de son maître.
Mais, encore cette fois, contrairement au texte, le corps
d'Holopherne n'est pas par terre, il est resté dans ce lit où
le décapita Judith.

« Puis, étant allé à la tente de Judith, et ne l'ayant pas
trouvée, il sortit devant le peuple et leur dit : « Une seule
femme du peuple hébreu a mis la confusion dans la maison du roi Nabuchodonozor, car voici Holopherne étendu
par terre et sa tête n'est plus avec son corps » (*Jud.*, xiv,
15, 16).

L'écuyer paraît devant les chefs de l'armée assyrienne
que le sculpteur a représentés barbus (*E* 3, fig. 20) pour

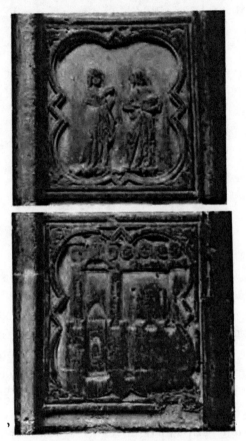

Fig. 25. — Histoire de Judith (détail).

leur donner l'air plus terrible ; les trois chefs font un geste
de recul et d'horreur au récit de Vagao.

« La nouvelle qu'Holopherne avait la tête coupée s'étant
répandue dans toute l'armée des Assyriens, ils se trouvèrent
tous consternés, sans savoir quel conseil prendre, et, n'étant

poussés que par la frayeur dont ils étaient saisis, ils ne pen-
sèrent qu'à trouver leur salut dans la fuite. Les Israélites,
les voyant fuir de la sorte, les poursuivirent et descendirent
de la montagne, sonnant de la trompette et faisant de grands
cris après eux » (*Jud.*, xv, 1, 3). C'est une petite scène
guerrière, pleine de vie et d'animation, que cette déroute
des Assyriens (*E. 4*, fig. 23). Les Israélites marchent au
combat le bouclier levé, triomphants, tandis que l'ennemi,
représenté par trois ou quatre guerriers, plie honteusement
avec tous les signes de la plus vive frayeur.

PINACLES

1 (fig. 20). Sorte d'oiseau fantastique.

2 (fig. 23). Scène à deux personnages qui peut être une
représentation de l'Annonciation.

3 (fig. 20). Joli groupe d'un homme tenant par la main deux
petits enfants ; c'est un spirituel exemple de la façon dont
ces ingénieux artistes utilisaient la forme triangulaire.

4 (fig. 23). Une figurine qui se retrouve deux ou trois fois
dans nos sculptures avec quelques variantes : moine ou clerc
assis à terre, son pupitre devant lui, tournant les pages d'un
livre. Cette figure est très près, par le sentiment et la ligne,
des meilleurs motifs du portail des Libraires.

5. Parabole du Mauvais Riche
(Contre-fort de droite)

Voici la seule illustration d'un sujet du nouveau Testament que nous offrent les bas-reliefs de Rouen. On sait
que l'interprétation figurée des faits de l'Évangile est rela-

tivement restreinte dans l'iconographie du XIII° siècle. M. Male
a pu constater [1] que presque tous les thèmes traités dans cet
ordre d'idées à cette époque se rattachent plus ou moins à
deux cycles de faits et gravitent autour de l'enfance du Sau-
veur et de sa Passion.

Quatre paraboles seulement ont passé dans l'art latin
alors que le manuel d'art grec retrouvé et publié par
Didron [2] les énumère toutes.

Encore deux d'entre elles, celles des Vierges sages et folles
et celle du bon Samaritain, ont-elles été toujours traitées sym-
boliquement. Mais l'histoire de l'Enfant Prodigue et celle
du Mauvais Riche, soit par ce qu'elles avaient en elles-mêmes
de suffisamment dramatique et touchant, soit pour quelque
autre cause inconnue, ont été l'objet d'une exception singulière et sont représentées sans l'intervention d'aucun symbolisme. Auxerre offre, du divin récit de l'Enfant prodigue,
l'interprétation la plus libre, la plus pittoresque et la plus
vivante. — Rouen a sa caractéristique spéciale dans la parabole du Mauvais Riche, que l'on rencontre plus rarement
au XIII° siècle, mais qui semble avoir joui d'une grande faveur
dans l'art roman. On la reconnaît à Moissac au XII° siècle
au côté droit du portail principal [3] et tout ce que la sculpture française avait déjà de puissance d'expression et tout ce
qu'elle avait encore de rude et comme de sauvage se
réunit pour donner du texte rigoureux un effrayant commentaire.

A la Madeleine de Vézelai, dans un chapiteau du Sud, le

---

1. *Art religieux au XIII° siècle*, p. 201, Paris, 2° édit., 1902.
2. Didron, *Manuel d'iconographie chrétienne : Le guide des peintures du
Mont Athos*, Paris, 1845, 8°, p. 206-231.
3. Moulage au Trocadéro.

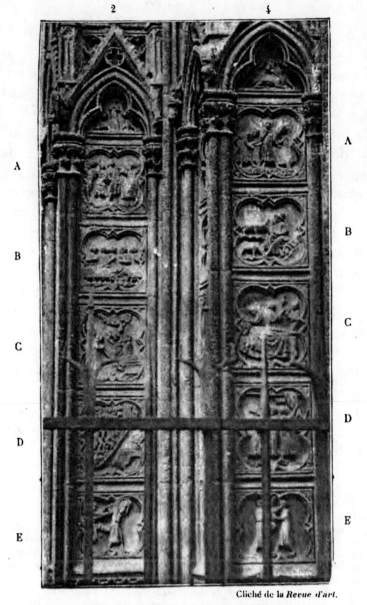

Fig. 26. — Portail de la Calende (contre-fort de gauche).
Parabole du Mauvais Riche.

Mauvais Riche figure en quatre épisodes de son histoire [1].; à Saint-Saturnin de Toulouse, à Saint Lazare d'Autun, il se retrouve et Didron a pensé [2] que son histoire était représentée au-dessus des places réservées aux pauvres comme une éloquente et directe prédication adressée aux passants [3].

La cathédrale de Bourges renferme un vitrail du Mauvais Riche qui nous fournira de très intéressants sujets de comparaison, mais c'est le seul qu'on ait jamais cité à ma connaissance. Cependant, M. Hucher, dans la monographie des vitraux de la cathédrale Saint Julien du Mans, remarque, au milieu d'une verrière consacrée à saint Nicolas, quatre médaillons disparates qu'il pense appartenir à la parabole du Mauvais Riche, et cette interprétation ne peut faire de doute, semble-t-il, d'après la description qu'il en donne [4].

Dans les manuscrits, la représentation de ce sujet, détaillée ou non, est rare, comme celle de toutes les paraboles. Aussi me pardonnera-t-on de citer dans la curieuse *Somme le Roi* — 6329 de la Bibliothèque de l'Arsenal — une miniature qui montre, d'une part, un festin dans lequel le riche glouton use pour renouveler son appétit d'un moyen emprunté aux Romains de la décadence tandis que, d'autre part, une servante tend à manger, en se bouchant le nez, au pauvre Lazare lépreux, assis à la porte avec sa « cliquette. »

---

1. *Archives des Monuments historiques*, t. II, p. 27.

2. *Loc. cit.* M. Mâle est du même avis.

3. Depuis que ce travail est écrit, j'ai pu me rendre compte qu'il n'est presque pas un ensemble de sculptures romanes où ne figure le sujet du Mauvais Riche. On le trouve aussi dans la peinture murale, notamment à Burgfelden, en Souabe. Voir Weber, *Die Wandgemälde zu Burgfelden*, Darmstadt, 1896, 8º.

4. Hucher, *Vitraux peints de la cathédrale du Mans*, 1868, fº 10, fenêtre du triforium. — 1. Un personnage qui montre une masse de pièces d'or. — 2. Un homme barbu qui meurt dans son lit; sa femme à côté de lui. — 3. Un ange et un jeune homme mort lépreux. — 4. Ange portant l'âme du mort.

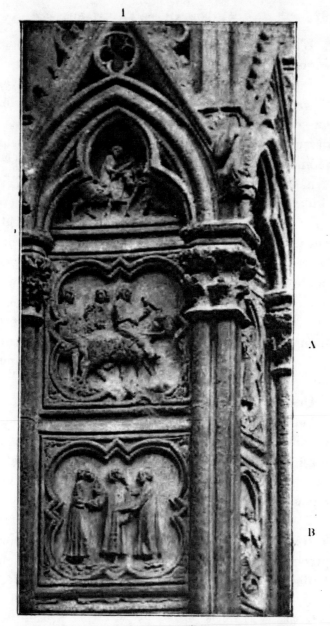

Fig. 27. — Histoire du Mauvais Riche (détail).

L'impression que donne l'histoire du Mauvais Riche à Moissac est terrifiante.

Introduite dans une série de vices où elle devait figurer l'Avarice, elle est traitée avec l'espèce de brutalité tragique qui caractérise aussi la hideuse image de la Luxure au-dessus de laquelle elle est placée. Le sculpteur, peut-être un moine, est préoccupé avant tout d'instruire et d'effrayer et, dans la mesure où il était servi par ses moyens d'exécution, il n'a rien ménagé pour y parvenir. Au premier registre [1], c'est le festin du riche, et Lazare mourant seul et nu : un ange, penché sur lui, recueille son âme, puis Abraham est représenté assis, tenant, dans la nappe traditionnelle, cette petite âme nouvelle. En dessous, c'est la maladie du riche et tandis que deux démons l'oppriment déjà et lui arrachent son or, *sa femme veille à son chevet* avec une inquiète sollicitude [2]. Voici la première trace d'une tradition qui devait se retrouver partout et que le manuel d'iconographie du Mont Athos enregistre aussi [3].

Quel artiste, le premier, en plaçant là cette épouse éplorée a trouvé le moyen d'exprimer éloquemment que, jusqu'à la minute suprême où la mort doit tout remettre en place, il est pour le riche des douceurs, et des consolations que Lazare ne doit pas connaître ? La représentation de l'enfer hideux clôt le récit de Moissac.

Tout autre devait être l'iconographie du Mauvais Riche à Rouen. Le sculpteur qui n'est plus si exclusivement préoccupé de l'effet moral à produire, qui, d'ailleurs, connaît toutes les ressources de son ciseau alerte et délié, s'amuse

---

1. Moulage au Trocadéro.
2. Se voit aussi à Vezelai, au Mans, à Bourges.
3. *Loc. cit.*

un peu en route aux détails de l'histoire : il en ajoute même
qui ne figurent dans aucun texte, mais où se reconnaît la
trace d'une tradition précise, car ces détails, qui sont comme
une végétation luxuriante poussée sur le vieux tronc, se
retrouvent presque identiques dans le fameux vitrail de
Bourges, publié et commenté par les PP. Cahier et Martin [1].
— Seulement un certain temps s'est probablement écoulé
entre le vitrail de Bourges et les reliefs de Rouen, le thème a
évolué, s'est amplifié, l'imagination du sculpteur a renchéri
sur le commentaire du peintre verrier. Il a consacré huit
motifs à dépeindre l'insolente prospérité du Mauvais Riche
avant même de mettre Lazare en scène, et cinq médaillons lui
ont permis plus tard de démontrer surabondamment que
l'or du méchant ne lui survit pas, et que les richesses d'ini-
quité ne servent de rien à celui qui les a possédées, quand
la mort vient à desserrer l'étreinte qui les appréhendait.

Mais aussi l'influence d'une exégèse plus clémente et
moins absolue se fait sentir et, donnant, semble-t-il, un
commentaire ingénieux aux atténuations des docteurs, en
face du Mauvais Riche « *iniquus ant hœres iniqui* » nos
sculpteurs ont retracé l'image du bon riche, trésorier des
pauvres, mandataire de la Providence à l'égard des membres
souffrants de Jésus-Christ.

N'est-ce pas bien l'esprit de cet enseignement d'Honorius
d'Autun [2] cité par le P. Cahier ?

Quidam divites ut Abraham et Job salvantur,

*Quidam vero divites ut Pharao et Nabuchodonozor
dammantur,*

Quidam pauperes ut Lazarus et monachi ditabuntur,

1. *Vitraux de Bourges.*
2. *Loc. cit.*

Quidam autem, ut Judas et alii fraudulenti, miseriis æternis traduntur.

Abordant maintenant l'analyse détaillée de cette nouvelle série de motifs, et commençant par les pinacles qui, cette fois par exception, concourent à l'intelligence de l'ensemble, nous rencontrons d'abord [1] (fig. 27) Monseigneur Saint Martin, type par excellence du bon riche tel que le xiii° siècle l'a conçu. On sait combien ont été fréquentes les images de saint Martin, partageant son manteau en deux pour en revêtir le pauvre qu'il avait rencontré grelottant aux portes d'Amiens mais, pour être une des plus petites, celle de Rouen n'est pas la moins charmante [2].

Puis voici (fig. 26 et détail, p. 8) une figure de femme d'une fatuité et d'une suffisance impayables, à qui deux complaisants dont l'un porte une robe courte et l'autre semble plus sommairement vêtu font des courbettes intéressées.

Ensuite c'est la chasse du Mauvais Riche. Un cerf, délicieuse petite figure de quelques pouces de haut qui a une grâce, une justesse de proportions, une souplesse étonnante, est abattu, forcé, et deux valets s'apprêtent à lui porter le coup mortel (fig. 26 et dét. p. 157).

Le pinacle 3 (fig. 28) passe à un autre ordre d'idées et, comme le vitrail de Bourges, il associe à la parabole du Mauvais Riche cette autre parabole de l'Évangile moins connue et moins développée : « Il y avait un homme riche dont les terres avaient extraordinairement rapporté et il s'entretenait en lui-même de ces pensées : Que ferais-je ? car je n'ai point de lieu où je puisse serrer tout ce que j'ai à recueillir. Voici, dit-il, ce que je ferai, j'abattrai mes greniers et j'en bâtirai

---

1. Le côté face du contrefort de gauche n'a pu être photographié d'ensemble et nous avons dû en présenter les divers motifs isolément.

2. Saint Martin se retrouve dans un pinacle de Lyon, *loc. cit*, pl. V, 1ʳᵉ série, 3.

de plus grands et j'y amasserai toutes mes récoltes et tous
mes biens et je dirai à mon âme : « mon âme, tu as beaucoup
de biens en réserve pour plusieurs années, repose-toi, mange,
bois, fais bonne chère? »
Mais Dieu en même temps
dit à cet homme : « Insensé
que tu es, on va te redemander
ton âme cette nuit même et
pour qui sera ce que tu as
amassé »? (*Luc*, xii, 16, 20).

Deux ouvriers (fig. 28)
prennent les mesures d'une
sorte de bâtiment que la
forme du pinacle a fait concevoir en manière de jeu
d'orgues ou de flûte de Pan
mais qui, d'ailleurs, ne laisse
rien à désirer pour la précision et la finesse des profils.

A Bourges aussi figure ce
grenier et le sens en est précisé par une apparition du
Christ avec cette légende :
« *Hac nocte anima tua tol-
letur.* » Or le vitrail était
donné par les maçons dont
la « signature », sous forme

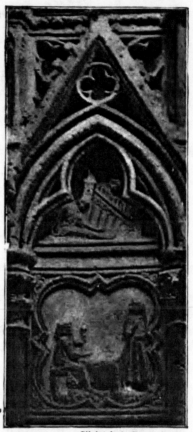

A

Cliché de la *Revue d'art.*
Fig. 28. — Histoire du Mauvais Riche.
(détail).

de petits médaillons représentant les travaux de leur métier
se voit plus bas.

Est-ce une association d'idées ingénieuses qui a motivé à
Bourges ce rapprochement qui serait ensuite passé à Rouen?

Nous verrons au portail des Libraires un fait iconographique du même genre. Le P. Cahier cite d'ailleurs saint
Chrysostome et saint Augustin pour justifier l'assimilation
du Mauvais Riche de la seconde parabole avec le Mauvais
Riche du grenier.

Le vitrail de Bourges contient aussi quatre autres médaillons
consacrés aux prospérités du Mauvais Riche et, dans l'un
d'eux, il est représenté recevant les produits de sa récolte.
On voit que ces deux œuvres sont aussi étroitement appa-
rentées qu'il est possible. Si l'on voulait trouver à Rouen
une preuve de l'existence d'un *Guide de l'artiste* au
xiiie siècle c'est là qu'il la faudrait chercher.

« Il y avait, dit l'Evangile (*Luc*, xvi, 19) un homme
riche qui était vêtu de pourpre et de lin et qui se traitait
magnifiquement tous les jours. » Voilà les quelques mots
qui ont suffi à provoquer le luxuriant commentaire dont
les trois premiers pinacles ci-dessus décrits et les cinq
motifs dont nous allons parler maintenant sont les paragraphes.

Notre riche seigneur, confortablement accoutré, monté
sur un fin et joli cheval, l'oiseau sur le poing, s'en va se livrer
au joyeux déduit de la chasse (.1 1, fig. 27). Deux compa-
gnons de plaisir ou deux valets l'escortent. Dans le bas-relief
suivant (.1 2, fig. 26 et détail, p. 8) nos chasseurs ont mis
pied à terre, on aperçoit dans l'angle de gauche la tête de
leurs chevaux et ils s'apprêtent à donner le vol au faucon.
Ces deux motifs sont tout à fait remarquables et peuvent
avantageusement soutenir la comparaison avec les plus fins
et plus renommés des ivoires à sujets civils. Il faut remarquer surtout la façon libre et aisée dont le sujet y est inscrit
dans le cadre qui le coupe par le côté de manière à indiquer
une action qui se continue.

Le bas-relief *A 3* (fig. 28) représente notre homme
assis devant une sorte d'escabeau à quatre pans évidés d'un
trilobe. Il tient à la main un objet de forme difficilement
reconnaissable. D'autres objets sont posés sur la table. Un
homme se retire en faisant un geste d'admiration. Il me
paraît évident que le riche reçoit ici ses revenus, car tout
de suite après (fig. 26 et dét. p. 157) nous voyons ses
serviteurs entasser des sacs d'argent dans des coffres : il y
a deux caisses rectangulaires de forme assez rudimentaire
posées à la suite l'une de l'autre, et trois valets sont affairés
autour. L'un ferme soigneusement un coffre en pressant sur
le couvercle, l'autre est en train de poser dans le deuxième
coffre un sac dont on devine le poids et se détourne à
l'arrivée d'un troisième personnage qui porte sur son épaule
une nouvelle charge.

Petites scènes pleines de vie, d'aisance et de justesse à
comparer comme sujet avec les « signatures » des corps de
métiers dans les vitraux du xiiie siècle.

Enfin, voici notre homme entouré de ces flatteurs qui ne
manquent jamais à la prospérité triomphante (*B 1*, fig. 27) : il
est debout entre deux amis dont un lui soutient délicatement
le coude et l'autre lui caresse le visage d'un geste
câlin.

Et voici (*B 2*, fig. 26) le festin dont le texte même de
l'Évangile évoquait l'idée précise : repas tout conventionnel
qui ne diffère en rien de celui offert par Joseph à ses frères
ou par Holopherne à Judith. Une table couverte de pains
et de vases. Des pieds passent en dessous en nombre pro-
portionné à celui des convives et des bustes se détachent en
dessus, symétriquement alignés.

« Il y avait aussi, continue la parabole, un pauvre

appelé Lazare, étendu à sa porte, tout couvert d'ulcères, qui eût bien voulu se rassasier des miettes qui tombaient de la

3

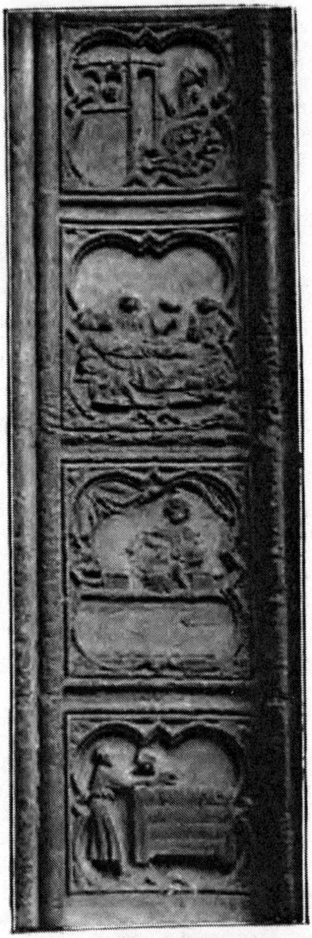

B

C

D

E

Cliché de la *Revue d'art.*

Fig. 29. — Histoire du Mauvais Riche (détail).

table du riche, mais personne ne lui en donnait et les chiens venaient et léchaient ses ulcères (*ibid.*, 20, 21). Lazare, dans le *B 3* (fig. 29), est assis sur un petit tertre, devant un édifice à la fenêtre duquel on aperçoit des têtes. Un chien se montre à la porte et lui lèche le pied.

Dans le motif suivant (*B 4*, fig. 26, dét. p. 157) le même sujet se poursuit : les chiens sont au nombre de trois maintenant, et pendant que deux d'entre eux lèchent les jambes de Lazare, le troisième est monté sur une sorte de butte afin de lui lécher le bras. Lazare tient à la main un broc dont j'expliquerai tout à l'heure la signification.

Sur l'assimilation faite par le moyen âge de *Lazare* à un *lépreux*, assimilation assez forte pour avoir passé dans la langue et créé les mots :

« ladre, ladrerie », le P. Cahier [1] a dit tout ce que l'on

1. *Vitraux de Bourges*, p. 235.

peut dire. Il remarque même qu'à l'heure où il écrit, dans les rues d'Amiens, les mendiants implorent l'aumône des passants en disant en patois picard : « Ayez pitié de ces pauvres *chiots lazares*. » — De là vient le petit baril ou biberon que porte Lazare à Rouen et à Bourges : c'est le vase dans lequel le lépreux doit boire, comme en font foi divers anciens textes civils et religieux ; de là vient aussi cette *cliquette*, ou éventail de bois, pour avertir les passants, que nous verrons tout à l'heure au bras de Lazare mourant, qui figure à Bourges et dans le manuscrit de la *Somme le Roi* cité tout à l'heure.

« Or il arriva que le pauvre mourut et fut emporté par les anges dans le sein d'Abraham » (*ibid.*, 22). Lazare est couché tout habillé sur son lit (*C 1*, fig. 30), aucun drap ne le couvre.

Il n'y a pas pour lui de différence entre ce moment et tous les autres de sa misérable vie : c'est la même solitude et le même abandon, son biberon pend encore à son bras gauche attaché par une lanière de cuir, à son bras droit la cliquette qui prévenait les hommes du passage du pauvre lépreux : il n'a pas même eu le temps d'ôter son chapeau pour reposer plus commodément. Mais son âme a déjà quitté son corps et, sous la forme traditionnelle d'un petit enfant [1] enveloppé dans une nappe, elle est emportée par deux anges délicieux dont le zèle iconoclaste des protestants de 1562 a mutilé les têtes !

Remarquons bien ces anges avec leurs longues jupes

1. M. Pératé (*Manuel d'archéologie chrétienne*, Bibliothèque de l'enseignement des beaux-arts) pense avec raison, me semble-t-il, que l'enfant représentant l'âme est une transformation de l'orante des Catacombes. Dans un autre ordre d'idées on pourrait y voir une sorte d'adaptation chrétienne de l'εἴδωλον des vases grecs.

repliées sur les pieds. Je ne crois pas qu'il en existe beaucoup d'exemples antérieurs. Jusqu'alors l'ange planant était

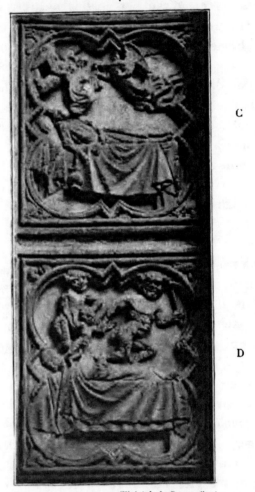

C

D

Cliché de la *Revue d'art*.
Fig. 30. — Hist. du Mauvais Riche (détail).

toujours représenté à mi-corps, « issant » d'un nuage ; c'est
encore ainsi qu'il figure à l'Assomption de la Vierge au bas-
relief de l'abside de Notre-Dame de Paris. Et les petits anges

inconnus de ce bas-relief de Rouen semblent comme un
pressentiment de ce que fera, un jour, en Italie, le plus
tendre génie de la première Renaissance, Ghiberti.

Abraham est assis sur les remparts de la Jérusalem
céleste (C 2, fig. 26), les pieds posés sur un nuage ; les
anges déposent avec tendresse et respect leur précieux
fardeau sur ses genoux : l'un d'eux est représenté volant de
pleine face dans un essai de raccourci assez audacieux : un
nuage mouvementé équilibre la composition dans le
haut.

« Le riche mourut aussi et eut l'enfer comme sépulcre »
(ibid., 22). Deux médaillons sont consacrés à décrire
la maladie du Mauvais Riche. Dans le premier, nous
voyons à son chevet un médecin attentif lui tenir le pouls
ou plutôt, semble-t-il, poser la main sur son cœur
(C 3, fig. 29). De l'autre côté du lit, trois personnages se
consultent doctoralement.

Il semble qu'on entende Diafoirus et Purgon.

Dans le second bas-relief, la femme du riche pose ten-
drement la main sur le front brûlant du malade tandis qu'un
des médecins examine la qualité de certain liquide et que
l'autre tient à la main un objet difficilement reconnaissable (C 4, fig. 26).

Mais les choses vont changer de face subitement ; voici
le Mauvais Riche (D 1, fig. 30) étendu mort sur son
lit : il ne lui sert de rien d'avoir été moelleusement
couché, recouvert d'une ample draperie : la solitude s'est
faite autour de lui. « Nous mourrons seuls. » Mort, il est
aussi abandonné que Lazare et quel sort différent l'attend
dans l'autre vie ! Voici que deux hideux démons, foulant
aux pieds impitoyablement son cadavre encore chaud, en

extraient brutalement la pauvre petite âme qui sort, trem-
blante et nue, de la bouche du mort ; avec de sinistres et
hideux ricanements ils l'emportent et la conduisent
(*D 2*, fig. 26) directement à l'enfer, représenté, comme
toujours, à cette époque sous la forme d'une gueule monstrueuse largement ouverte, d'où sortent des flammes [1] et,
l'Evangile ayant dit : « Lorsqu'il était dans les tourments,
il leva les yeux et vit de loin Abraham, et Lazare dans son
sein », pour insister encore sur le contraste et le graver
définitivement dans l'esprit, nos sculpteurs mettent en
regard de cette bouche effroyable de Leviathan une
représentation de « sein d'Abraham » qui, cette fois,
déroge formellement à la tradition. On sait comment le
XIIe et le XIIIe siècle ont conçu cette image synthétique du
paradis : Abraham est généralement représenté assis, tenant
sur ses genoux la nappe dans laquelle il a recueilli les âmes.
Ici (*D 3*, fig. 29) le patriarche, coiffé du bonnet conique
des Juifs, siège sur les remparts crénelés de la Jérusalem
céleste, mais il tient en travers sur ses genoux le petit
Lazare redevenu enfant ou plutôt adolescent et qui est
vêtu. Une draperie relevée abrite la scène comme pour
nous faire comprendre que nous sommes là dans le domaine
de ce que l'œil humain n'a pas vu. Il est bien regrettable
que cette composition si exceptionnelle [2] soit aussi la plus
mutilée, la plus fruste de tout l'ensemble de cette « histoire. »

Avec ce motif cesse l'illustration précise du texte de

1. M. Mâle pense que cette image fut inspirée aux artistes par la
« gueule de Leviatan » du livre de Job assimilée à l'enfer par les docteurs.

2. Abraham figure dans la forme traditionnelle au portail de la Calende
même dans un gâble, à gauche.

l'Évangile. De tout le dialogue si saisissant du riche damné
et d'Abraham, il n'est fait nulle mention non plus qu'à
Bourges où les scènes du festin et des deux morts sont à
peu près identiques. Mais nos artistes vont donner à la
terrible leçon un corollaire de leur façon où le riche n'ap-
paraîtra pas seulement comme malheureux, mais comme
dupe et ridicule C'est là une
interprétation dont le germe
se trouve à Bourges : à peine
le riche est-il mort que ses
serviteurs lui dérobent, l'un
une superbe fourrure, l'autre,
une coupe [1]. Ainsi est démon-
trée éloquemment la vanité
de ces richesses que « la
rouille dévore et que les
voleurs emportent », qui
damnent l'âme et que le

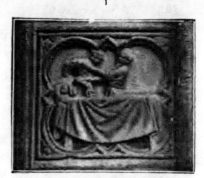

Cliché de la *Revue d'art.*

Fig. 31. — Hist. du Mauvais Riche
(détail).

cadavre n'emporte pas même avec soi dans la tombe.

Nous allons voir maintenant ce qu'est devenue entre les
mains des sculpteurs de Rouen cette brève indication.

Le *D 4* (fig. 26 et 32) nous montre deux des serviteurs
engagés dans une lutte à main plate, l'un serrant contre lui
de son coude le col d'un sac d'écus, et essayant de défendre
contre l'autre un morceau d'étoffe précieuse, tandis que, de
la main qui leur reste à chacun, ils se prennent aux cheveux
et à la gorge. Pendant ce temps un troisième compère,
tranquillement, enlève, de la perche où l'on avait coutume

1. *Loc. cit.*, pl. IX, 5ᵉ ligne au centre.

au moyen âge d'étendre les vêtements, une robe dont on voit clairement les manches et le col. A ce propos une petite remarque ne sera pas déplacée : M. Adeline dans son

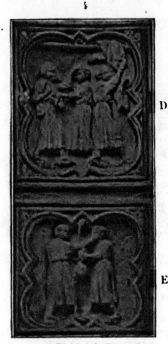

Cliché de la *Revue d'art*.
Fig. 32. — Histoire du Mauvais Riche (détail).

ouvrage, d'ailleurs si précieux, « *les Sculptures grotesques et symboliques* » a reproduit ce sujet, ainsi que les suivants *E* 2 et 4 mais, n'ayant pas étudié l'ensemble dont ces médaillons ne sont que des phrases, il a cru y voir des jeux de *vilains*, dont les uns dérobaient une étoffe à un étalage et dont d'autres se battaient pour un mouton[1] ; j'en étais là, lorsque la rencontre du même sujet au vitrail de Bourges, vint éclairer pour moi, d'une lumière éclatante, le sens de ces sujets.

Les mêmes serviteurs dans le relief *E 1*, fig. 31, ont pris et se disputent violemment les clefs attachées à la ceinture du mort et cachées sous son oreiller. L'un d'eux prend l'autre à la gorge avec un geste d'une vivacité admirable. Puis dans le motif suivant (*E 2*, fig. 26) l'un emporte sur ses épaules un coffre pesant tandis que le second, afin de lui faire lâcher prise, prend un point d'appui *central* pour son pied dans

---

1. M. Joly, dont j'ai connu l'excellent travail après avoir écrit ce chapitre, et qui ne semble pas connaître le vitrail de Bourges, interprétait déjà cette scène comme moi (*Bulletin antiquaires Normandie*, 1882).

le dos de son compagnon, et tire des deux mains sur le coffre.

Lequel fut vainqueur dans ce combat singulier? On ne sait, mais le médaillon *E 3* (fig. 29) nous montre le plus fort ou le plus malin introduit tout entier dans une immense caisse et s'apprêtant à y puiser, non sans avoir encore à lutter avec son camarade qui le tient par la tête et par le bras.

Enfin les voici (*E 4*, fig. 26) une dernière fois aux prises et engagés dans une lutte violente pour un sac d'argent ou pour quelque mouton gras [1]? que tous deux tiennent par la tête en se livrant, du bras resté libre, à une boxe réglée.

On le voit, peu à peu l'idée première a été perdue presque complètement de vue : le thème donné a évolué tout seul. Ce qui n'était à Bourges qu'un détail dans un médaillon en a fourni cinq à Rouen. Visiblement, nos imagiers ont pris plaisir à ces sujets qui leur permettaient de donner carrière à leur instinct d'observation et de mettre en scène des faits de la vie de tous les jonrs, de leur propre vie. Ces manants avides et effrontés, « au demeurant les meilleurs fils du monde », spirituels et qui, en terre de France, se feront tout pardonner par un bon mot, ils les ont vus, connus, coudoyés, ils en étaient peut-être eux-mêmes et cela se sent au plaisir qu'ils ont éprouvé à les pourtraicturer.

D'ailleurs, leur trait reste sobre et léger, alerte et fin, très loin de toute grossièreté, et l'on se prend à regretter qu'à ce moment précis où l'art du xiiie siècle assoupli était en possession de tous ses moyens d'expression, des sujets de ce genre n'aient pas permis plus souvent à nos bons ima-

---

1. Je n'ai pu parvenir à fixer mon choix entre les deux hypothèses.

giers français de nous donner, de la vie populaire, des représentations variées. Quand ils l'ont fait en détail sur tant de stalles et de culs-de-lampe au xvᵉ siècle, il était déjà trop tard et quelque chose d'exquis dans le goût et dans le style s'était émoussé qui ne devait plus jamais reparaître.

Mais, on le voit, les petits bas-reliefs inconnus de Notre-Dame de Rouen apportent des arguments assez inattendus dans le débat actuellement ouvert sur la grande question de la transformation de l'art en France au xivᵉ siècle. En effet, plus on amassera de preuves du réalisme latent dans les œuvres de la fin du xiiiᵉ siècle, moins il paraîtra nécessaire d'évoquer un apport étranger pour expliquer le développement d'une tendance qui, longtemps contenue par la discipline du style et de l'iconographie, devait logiquement aboutir aussitôt que l'évolution corespondante de l'esprit et des mœurs le lui permettrait.

LES VIES DE SAINTS ÉVÊQUES

La présence aux soubassements du portail de la Calende de deux vies de saints évêques achève de préciser leur plan iconographique et d'en marquer la ressemblance avec les thèmes les plus habituels aux peintres verriers [1].

1. Les Vies de saints traitées sous cette forme, en sculpture, sont assez rares. Cependant Saint-Sulpice de Favières (trumeau de la porte), Notre-Dame de Saint-Omer (tombeau de Saint-Omer) et soubassement du portail Sud présentent des exemples de quatrefeuilles contenant des représentations de scènes de la vie du saint local. Un autel du xivᵉ siècle, dont la contretable forme maintenant un côté de la fontaine dite de Saint-Loup, dans les environs de Saint-Loup de Naud, présente la même disposition. Comparer encore, dans une forme un peu différente, les bas-reliefs du soubassement de la façade nord de Saint-Étienne de Metz. Cf. A. Bouillet : *Description de l'Église de Saint-Sulpice de Favières*, et A. Boinet, *Un manuscrit à peintures de la bibliothèque de Saint-Omer*, Paris, 1905.

Les saints dont la légende [1] a été choisie sont deux
évêques du viie siècle, extrêmement populaires de tout temps
à Rouen, plus ou moins mêlés à la vie historique et poli-
tique de leur époque, dont l'un, saint Romain, prit une part
active à l'établissement définitif du christianisme dans la
région rouennaise et dont l'autre, saint Ouen, est connu
pour avoir puissamment contribué à l'embellissement et à la
richesse de sa cathédrale [2]. Les sources de leur histoire
sont assez nombreuses et ont été classées de façon définitive
par les Bollandistes. De plus, saint Ouen a été l'objet tout
récemment d'une étude où les méthodes les plus sûres de
la critique historique ont été employées et qui ne laisse
dans l'ombre aucun point intéressant [3]. C'est à la lumière
de ces travaux que nous avons pu définir un à un chacun des 40 bas-reliefs consacrés à la vie des deux évêques.
Dans le détail de l'interprétation, bien des difficultés se sont
rencontrées, car nous marchions sur un terrain très neuf.
En effet, si deux beaux vitraux du xvie siècle, à la cathédrale, racontent la vie de saint Romain, d'une façon qui,
ai-je besoin de le dire, n'est pas celle de nos imagiers, l'iconographie de saint Ouen est extrêmement restreinte, de l'aveu
de M. le chanoine Vacandard lui-même qui déclare, n'avoir
rencontré aucune représentation détaillée de sa vie.

Il est bien vrai qu'une série de bas-reliefs calqués, comme
forme et comme disposition, sur ceux de la cathédrale, au
portail Sud de l'église Saint-Ouen de Rouen, est consacrée
aussi à la vie et aux miracles du saint évêque. Mais, plus

1. *Legenda...* histoire à lire.
2. Vie attribué à Fridegode, *Acta Sanctorum.*
3. *Vie de saint Ouen, esquisse d'histoire mérovingienne*, par M. le chanoine Vacandard, Paris, Lecoffre, 1901.

mutilés encore que ceux de la cathédrale, ils seraient expliqués par ceux-ci plutôt qu'ils ne pourraient servir à les élucider.

En outre, autant qu'il est possible de les déchiffrer, dans l'état où ils ont été réduits en 1562, la « vie » proprement dite y tient beaucoup moins de place que le récit des miracles opérés au cours des diverses translations des reliques du saint. Ce doit être une illustration détaillée de ces récits tardifs qui, sous le nom d'*Alia miracula* et de *Variœ translationes* » [1] grossissent le bagage légendaire de l'histoire de saint Ouen. J'ajoute en passant que ces médaillons du xive siècle semblent n'avoir imité ceux de la cathédrale que pour mieux montrer à quel point les bonnes traditions avaient pu se perdre en peu de temps. Ils sont d'un relief lourd et pâteux, sans saveur et sans finesse aucune.

Ne pouvant pas, dans les limites de cette étude, insister sur toutes les particularités curieuses et pittoresques qui se rencontrent dans les anciens hagiographes, nous voudrions au moins faire passer dans notre commentaire quelque chose de leur couleur, car la sincérité consciencieuse de l'artiste suivant ici de très près l'ingénieuse bonhomie du narrateur, il y a, entre l'œuvre écrite et l'œuvre figurée, la plus étroite et la plus touchante parenté.

---

1. Les Bollandistes, 24 août, t. V, p. 805 et suiv., complétés par M. le chanoine Vacandard. *Analecta Bollandiana*, t. XX, 1901, en ont publié plusieurs, cf. Marlene, *Thesaurus novum anecdotorum.*, t. III, col. 1669 à 1686.

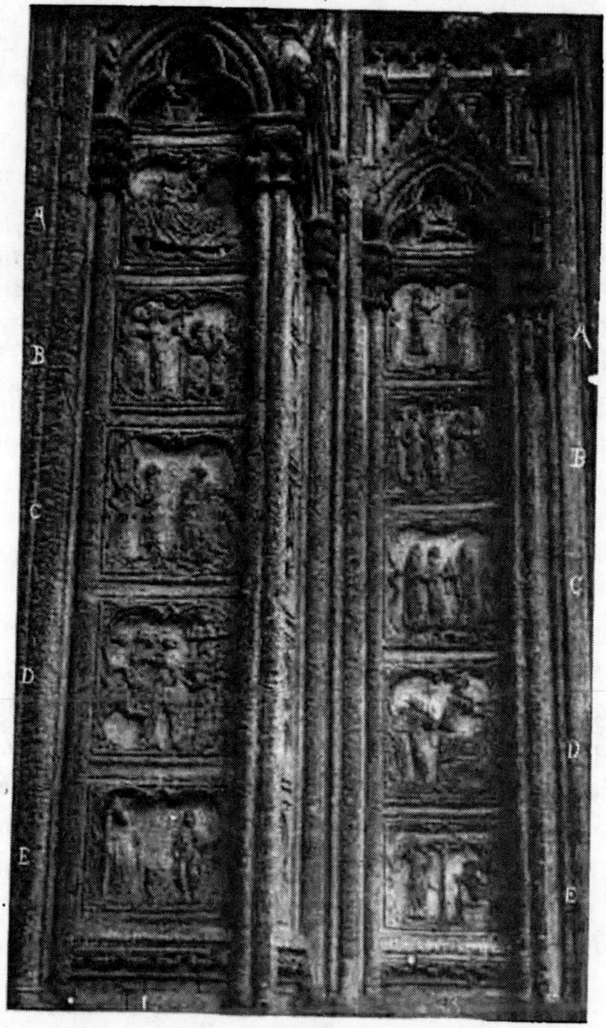

Cliché de la *Gazette des Beaux-Arts*.

Fig. 33. — Portail de la Calende (contrefort de droite).
Vie de saint Romain.

6. VIE DE SAINT ROMAIN [1]

(Contrefort de droite.)

Saint Romain fut élu évêque de Rouen en 626 et mourut en 638. A la fin du x⁰ siècle, Gérard de Soissons écrivait à Hugues, archevêque de Rouen, pour lui annoncer qu'il lui envoyait une Vie rythmée de saint Romain et le résumé d'une autre Vie en prose qu'il craignait d'exposer au hasard d'un voyage. La Vie rythmée a été publiée par Martene. Les Bollandistes ont édité le résumé de Gérard de Soissons et une autre Vie qu'ils croient être le prototype de celle-là et qu'ils datent à peu près de la même époque. Enfin, en 1609, Rigault imprimait à Paris une Vie en prose qu'on attribue universellement à Fulbert, archidiacre de Rouen au xi⁰ siècle.

La mère de saint Romain, Félicité, était stérile, et son âge avancé ne semblait pas lui laisser l'espoir d'une postérité. Mais une nuit, alors que son époux se laissait aller au désespoir et aux larmes à la pensée de sa vieillesse solitaire, il s'entendit appeler : Benedictus, Benedictus ! et un ange lui révéla que Félicité deviendrait mère. Cet épisode, qui figure dans toutes les Vies du Saint, est aussi représenté d'une façon naïve et touchante au sommet de la verrière de Saint-Romain à la cathédrale (transept sud). Il fait le sujet de notre bas-relief. A 1 (fig. 33).

Plus tard, Romain, pieusement élevé, est recommandé à la cour de Clovis II où il remplit de hautes charges. Le

---

1. *Acta Sanctorum*, t. X d'octobre, p. 91 et suivantes. *Vita Sanct. Romani, a Fulberto* éditée par Rigault, Paris, 1609. *Vita metrica*, ap. Martene. *Thesaurus novum anecdotorum*, t. III, col. 1651-56. *Vie de saint Romain*, par dom Pommeraye (*Histoire des archevêques de Rouen*, Paris, 1687). Floquet, *Histoire du privilège de saint Romain*, Rouen, 1833.

siège de Rouen étant devenu vacant, et l'élection de l'évêque
causant dans la ville de grandes dissensions, un saint vieillard inspiré du ciel vient apprendre à ses concitoyens qu'il
faut élire comme évêque celui dont un ange annonça la
naissance miraculeuse et qui, actuellement à la cour du roi,
s'appelle Romain. — Les Rouennais envoient au roi des
délégués munis de lettres afin de lui demander la ratifica-
tion de leur choix. Le bas-relief *A 2* (fig. 35) illustre l'un
ou l'autre de ces deux faits et nous montre de très curieuses
représentations de costumes civils analogues à ceux des
bourgeois de Reims sur le socle de la statue dite du Beau
Dieu [1].

Il y a d'ailleurs plus qu'une ressemblance de costume,
une vraie ressemblance de style entre ce petit médaillon et
l'œuvre plus connue dont nous venons de parler.

Le roi se laisse fléchir et accorde Romain aux prières de
l'église de Rouen. Il lui remet lui-même la crosse dans le
médaillon *A 3* (fig. 33) très mutilé. Le roi, afin que nul n'en
ignore, a naturellement couronne en tête et sceptre en
main. Cette remise de la crosse, qui figure dans la Vie de
Fulbert, a motivé un commentaire historique de Dom Pommeraye [2] qui semble, comme nos sculpteurs, un peu bien
gallican.

Saint Romain se met en route pour rejoindre sa ville épiscopale. Il est à cheval et porte un vêtement à capuchon sur
lequel est assujetti un chapeau de voyage de forme pittoresque. Deux cavaliers, l'accompagnent dont un tient une
grande croix (*A 4*, fig. 35). Ce simple cortège, ainsi résumé en
quelques traits essentiels, est d'une couleur charmante. Nous

1. Moulage au Trocadéro.
2. *Vie des archevêques de Rouen.*

sommes très loin de la pompeuse cavalcade qui, deux siècles
plus tard, se déroulera sur le tombeau du cardinal Duprat

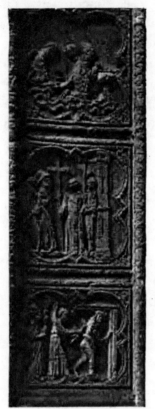

Cliché de la *Gazette des Beaux-arts.*
Fig. 34. — Vie de saint
Romain (détail).

à Sens : mais la petite scène de
Rouen n'a pas moins de vie dans sa
sobriété.

Arrivé au terme de son voyage,
saint Romain est reçu avec de
grands transports de joie. Mais
aussitôt ses ouailles ont une prière
instante à lui adresser et nous les
voyons à genoux dans le bas-relief
B 1, fig. 33.

Il existe dans leur ville, vers le
Nord « un repaire de Vénus,
construit en forme d'amphithéâtre
d'une grandeur majestueuse » ; un
temple est au milieu et, dans le
temple, un autel qui porte une
dédicace à la déesse. Derrière l'autel,
dit-on, se trouve une communica-
tion directe avec l'enfer et souvent
des flammes et des vapeurs pesti-
lentielles s'en échappent, répandant
aux alentours la dévastation et la
mort. Parfois aussi, on entend le
vacarme d'un conciliabule de
démons qui se rendent mutuellement compte de leur
travail avec des acclamations ou des invectives, dans
un tumulte épouvantable. — Saint Romain, précédé de la
croix et, suivi de la foule de ses ouailles, se rend à l'endroit
désigné : il arrache lui-même la dédicace à Vénus. Aussitôt

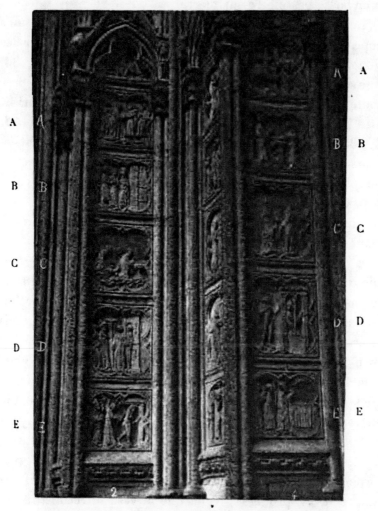

Cliché de la *Gazette des Beaux-Arts*.

Fig. 35. — Portail de la Calende (contrefort de droite).
Vie de saint Romain.

le peuple, enhardi, se précipite sur l'édifice maudit et n'en laisse pas pierre sur pierre.

Le sculpteur n'a pas fait de grands efforts pour nous représenter tout l'ensemble de constructions décrit par les textes. Toutefois il nous montre dans le médaillon *B 2* (fig. 35) une sorte de forteresse très imposante devant laquelle se présente l'évêque, suivi de trois autres personnes, et qui pourrait être l'amphithéâtre, tandis que, dans le motif suivant (*B 3*, fig. 33) l'édifice qui s'écroule sous la seule parole du saint est une sorte de petit dôme muni de fenêtres, qui peut figurer le temple ou une de ces annexes sur lesquelles s'étendent complaisamment les narrateurs.

Vient ensuite la représentation d'un miracle attribué à saint Romain par tous ses historiens :

Alors que, le Samedi saint, il allait présider à la cérémonie de la bénédiction des fonts, il s'aperçoit que manque le vase du saint chrême. Un diacre se hâte d'aller chercher ce vase dans l'endroit où il est d'ordinaire renfermé, mais la crainte de retarder l'office lui fait trop hâter le pas, le pied lui manque sur le pavé glissant, il tombe et voici que le vase se brise et que le saint chrême se répand. *Pene vorax omnem quin hausit arena liquorem*, dit la Vie en vers. Or il n'en restait plus d'autre, la cathédrale ayant distribué aux églises du diocèse leur provision pour l'année. La désolation est grande, mais l'évêque reste serein, se prosterne et prie. Puis il ramasse les morceaux du vase, les rapproche et, prodige!! voici que le vase se reconstitue et que la sainte liqueur y rentre.

Le bas-relief *B 4* (fig. 35) nous montre, devant des fonts baptismaux dont la forme est à peu près celle encore usitée de nos jours, l'évêque assisté de deux acolytes, commençant à officier.

Dans le *C 1* (fig. 33), on voit à la fois, je crois bien, deux moments successifs de la même scène : le diacre se dirige vers l'armoire des saintes huiles puis revient. Dans le *C 2* (fig. 35 et 34) le malheureux est tombé à moitié agenouillé dans une posture assez piteuse tandis que saint Romain prie à genoux. Le terrain est traité avec l'exagération de mouvement que nous avons déjà constaté. Enfin le même objet, qui semble bien être le vase de saint chrême recouvert d'une housse à glands pendants, passe des mains de l'évêque à celles des clercs dans les motifs *C 3 et 4* (fig. 33 et 35).

Le médaillon *D 1* (fig. 33) montre saint Romain arrivant à cheval, la croix à la main, suivi d'un cortège religieux, devant une sorte de construction, moitié forteresse et moitié couvent assez analogue au « *Domicilium Veneris* » de tout à l'heure et couronnée de créneaux entre lesquels on distingue des têtes grimaçantes. Il s'agit d'une destruction de temple qui, parmi toutes celles auxquelles saint Romain semble s'être livré, a particulièrement inspiré ses biographes.

Ils nous racontent, en effet, qu'un jour, visitant son diocèse et, approchant d'un temple « magnifiquement construit », il aperçut sur le faîte de cet édifice des démons menaçants qui lui crièrent qu'ils étaient les gardiens de ce lieu et les frères de ceux qu'il avait expulsés de Rouen.

Je ne suivrai pas le narrateur dans le récit minutieux qu'il fait ensuite de la lutte du saint contre ces démons et de l'écroulement de l'édifice, écroulement qui, probablement par une erreur de pose, occupe dans nos sculptures la place *D 3* (fig. 33). L'évêque a mis pied à terre et, devant le signe de la croix, l'édifice s'écroule, lézardé en trois endroits.

Mais, à lire le récit de ces innombrables destructions de temples, il est un rapprochement qui s'impose à l'imagina-

tion. Quelle que puisse être la part de légende qui s'y est
ajoutée, il est certain que ces faits de la lutte des premiers
évêques chrétiens contre le paganisme expirant ont un fondement historique.

On se prend alors à rêver au bel Apollon en bronze doré
du Louvre retrouvé à Lillebonne (diocèse de Rouen), en 1823,
sous une couche d'un mètre d'argile [1]. Qui sait si les derniers adorateurs du dieu ne l'ont pas enfoui là pour le déro-
ber aux effets du zèle religieux d'un saint Romain? Quoi
qu'il en soit, les historiens de notre évêque nous apprennent
que lorsqu'il avait détruit un temple de « Jupiter, de Mercure
ou d'Apollon », il le remplaçait par une église ou un monastère. Il est probable que le bas-relief $D\,2$ (fig. 35 et 34)
nous le montre confiant sa nouvelle fondation à deux
clercs chargés de la garder et que le suivant $D\,3$
(destruction du temple) est interpolé. Mais le bas-
relief $D\,2$ a pour nous un intérêt indépendant de sa signification iconographique, car c'est une des compositions les
plus heureuses et les mieux conservées de la série des soubassements de Rouen : une jolie construction très simple,
d'une forme élégante et robuste, deux clercs debout dont
l'un se trouve encadré par la porte, puis l'évêque, la croix
à la main, le chapeau sur le capuchon rabattu suivi d'un
acolyte, c'est un groupe d'une pondération et d'une clarté
parfaites.

Nous arrivons enfin à un épisode que toutes les Vies de
saint Romain ont accueilli et qui possède dans l'original
une couleur pittoresque tout à fait séduisante. Saint Romain,
ayant reçu du ciel l'annonce de sa mort prochaine, s'était

---

1. Abbé Cochet, *Normandie souterraine*, Paris, 1855, gr. 8°.

retiré dans une solitude afin de pouvoir, loin du contact du
monde, vaquer à la seule prière. Mais l'ennemi. du genre
humain, irrité de cette résolution, lui ménageait une tentation particulièrement subtile et
dangereuse. En effet prenant
l'apparence d'une femme —
d'autres disent : « *in specie
Veneris* » — il vint une nuit
frapper à la porte du saint
évêque en feignant d'être « une
pauvre créature misérable et
désolée, dépouillée de tout par la
cruauté des voleurs ».

Et, comme le saint pontife
demeurait incertain et troublé,
partagé entre la crainte de manquer à ses vœux en recevant une
femme dans sa cellule, et la
crainte, plus angoissante encore,
de manquer à la charité fraternelle
à cause de ses vœux, la voix de la
tentatrice se faisant toujours plus

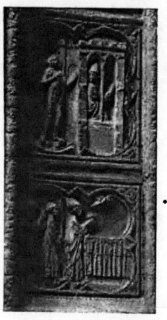

Cliché de la *Gazette des Beaux-Arts*.

Fig. 36. — Vie de saint Romain
(détail).

insidieuse et en appelant à sa miséricorde au nom de
l'amour que tout pasteur du Christ doit porter à ses ouailles,
il se laissa fléchir enfin, et comme le dit un biographe,
« sous le couvert de la pitié, ouvrit sa porte à l'impiété ».
Mais à peine se trouva-t-il en présence de l'hôte dangereux
ainsi introduit qu'il ne lui fut plus possible de douter de
ses intentions criminelles [1].

1. « Dilatam crinem, flavum mentita colorem, denudit pectus, si possit
flectere sensus ». *Vita metrica*, ap. Martenne.

Alors, se tournant de toute son âme vers Dieu, il l'appela à son secours. Aussitôt, un ange intervint et, « frappant, pressant, confondant l'ennemi », ne lui laissant aucune issue, le précipita dans les cloaques immondes. Mais saint Romain restait troublé et se reprochait comme un crime le mouvement de pitié qui lui avait fait enfreindre les lois de la sainte prudence. Il fallut qu'un ange vint le consoler en lui rendant ce témoignage que « placé près du serpent il n'avait pas été longtemps abusé » et l'avertir de modérer l'ardeur de sa pénitence.

Le motif *D 4* (35 et détail 36) représente le début de l'épisode. Dans une petite construction gothique l'évêque nous apparaît au travers d'une jolie fenêtre ogivale géminée. Il est assis et l'anxiété qu'il éprouve est rendue avec une candeur persuasive. Au dehors, se tient la femme, debout dans la nudité que décrivent les textes. C'est le moment où, à travers la porte, elle adresse au saint ce discours qui, dans la Vie en vers surtout, a une saveur si spéciale qu'on nous pardonnera d'en citer un court passage dont toute traduction déflorerait le charme :

> O pater, o custos, ubi nunc tua sollicitudo
> Quam debes ovibus quas commisit tibi Christus?
> De grege quem servas perit ecce doloribus una,
> Ni modo subvenias, moriar tua, Pastor, ovilla.
> Si moriar, qualis pro me reddes rationem
> Ante Dei vultum, cum nil laxabit inultum [1] ?

Dans le bas-relief *E 1* (fig. 33) saint Romain est en présence de la tentatrice qui semble déjà avoir perdu toute beauté, quoique ce soit ce moment où les textes nous assurent [2]

---

1. *Vita metrica*, ap Martene, *T. n. a.*, t. III.
2. « Comptis crinibus, facie decora », dit le manuscrit de Braine, *Acta Sanctorum*.

qu'elle déploie tous ses charmes et « dilatant ses cheveux »
s'en enveloppe des pieds à la tête.

L'ange intervient enfin dans le *E 2* (fig. 33 et 34) et, assisté
du saint, fustige vigoureusement l'ennemi qui disparaît, la
tête la première, dans une sorte de fosse carrée abritée
par une arcature gothique d'un joli dessin (*E 3*, fig. 33).

Enfin saint Romain, dans le motif *F 4* (fig. 33 et 36)
célèbre la messe sur une table simplement recouverte
d'une nappe : c'est l'autel dans sa forme la plus rudimentaire et la plus simple. Ce bas-relief est très bon ; un diacre,
derrière le saint, tient un cierge ; un autre acolyte élève la
patène dans un beau geste et les draperies sont, dans les
trois figures, d'une grande finesse et d'un excellent style.
A droite du médaillon, apparaît la forme de l'ange qui vient
réconforter saint Romain ou, comme il a été dit précédemment, lui révéler le jour de sa mort.

Il est ici une remarque qui s'impose et qui n'a pas seulement un intérêt iconographique. Dans cette histoire de saint
Romain, si précise et si détaillée, ne figure pas le miracle
le plus populaire qu'on lui attribue, le seul qui soit communément représenté, celui de la gargouille, le monstre
enchaîné par lui et ramené triomphalement à Rouen avec
l'aide d'un prisonnier de la ville. Ceux qui ont un peu étudié la vie de saint Romain ne seront pas surpris de l'omis-
sion de ce fait qui ne figure dans aucune des vies anciennes
et dans aucun texte liturgique. Les Bollandistes et le savant
Floquet [1] ont fait justice de ce miracle parasite inventé après
plusieurs siècles pour donner un fondement inattaquable au
droit de grâce qu'exerçait tous les ans, à l'Ascension,

1. *Histoire du privilège de saint Romain*, Rouen, 1833.

l'évêque de Rouen, « en l'honneur de la Vierge et de
saint Romain » sur un prisonnier de la ville. De 1394 est
le premier texte officiel où se trouve mentionné le pseudo-
miracle. Si donc il était besoin d'une preuve de fait pour
avancer que nos bas-reliefs sont très antérieurs à cette
date, nous la trouverions dans l'absence de la gargouille,
la tradition populaire ayant sans doute devancé de beaucoup
sur ce point la tradition écrite. — Un vitrail du xive siècle
à Saint-Ouen de Rouen (chapelle du pourtour du chœur à
droite), parmi diverses scènes de la vie de saint Romain,
contient déjà cet épisode. Entre la date de ce vitrail et celles
de nos sculptures, on pourrait fixer à quelque vingt ans
près l'apparition de la légende.

Signalons encore un fait qui offre un certain intérêt. Alors
que les motifs des pinacles, nous l'avons vu précédemment,
n'ont ordinairement, à Rouen, aucun rapport avec le thème
traité dans les bas-reliefs qu'ils surmontent, ce n'est pas évidemment ici sans une association d'idées formelle et sans une
manifeste intention de rapprochement moral, que les sculpteurs
ont choisi, pour couronnement de l'histoire de saint Romain,
la représentation du lai d'Aristote et celle de Samson (fig. 33
et 35, pinacles 2 et 3). L'image de ces deux héros, victimes
de l'éternelle tentation, qui,

> Par femmes furent surmontés
> Déçus, vaincus et affolés [1].

n'était-elle pas là bien à sa place, en antithèse avec la lutte
victorieuse du saint contre la même séduction féminine?

La représentation du lai d'Aristote [2] est ici conforme à la

1. Vers cités par M. Robillard de Beaurepaire, *Caen illustré*, Caen,
1896.
2. Sur les représentations du lai d'Aristote. Voir ; abbé de la Rue,

donnée connue et la petite femme chevauche triomphalement son philosophe à quatre pattes longuement enjuponné.

Adeline en a donné, dans ses *Sculptures grotesques et symboliques*, une bonne gravure mise en regard de l'interprétation du même sujet sur les stalles de la cathédrale, à Rouen même. Si, comme le style de nos sculptures permet de le supposer, nous sommes encore là dans le xiiie siècle finissant, cette représentation du lai d'Aristote serait la plus ancienne connue dans la sculpture sur pierre [1], celles de Lyon [2] et de Caen [3] étant toutes deux au moins postérieures à 1308. Il serait vraiment intéressant que l'idée première d'introduire ce motif dans un ensemble architectural ait été dictée aux imagiers par un rapprochement aussi précis que celui que nous venons d'indiquer. Quant à Samson (fig. 35, pinacle) il est représenté dans l'acte traditionnel d'ouvrir la gueule du lion, et ce thème, d'une fréquence et d'une popularité prodigieuses depuis les origines mêmes de l'iconographie chrétienne, est ici associé au lai d'Aristote avec lequel il a très souvent voisiné depuis comme d'autres per-

Essai historique sur la ville de Caen, Caen, 1820, t. I, p. 97. *Revue d'architecture*, t. I. *Annales archéologiques*, t. VI et XVI. Begule et Guigue, *Monographie de la cathédrale de Lyon*, p. 201. Émile Mâle, *l'Art religieux au XIIIe siècle*. Langlois, *Stalles de la Cathédrale de Rouen*, Rouen 1833. Héron, *La légende d'Alexandre et d'Aristote*, Rouen, 1892, 8°. M. Héron a prouvé (*OEuvres de Henri d'Andeli*, Rouen, 1880, 4°) que ce trouvère ne doit pas être identifié avec le chanoine de Rouen du même nom, qui figure dans les archives de 1198 à 1212.

1. Il est probable que le motif de la stalle de Lausanne et divers objets appartenant aux arts du mobilier sont antérieurs (*Annales archéologiques*, t. VI et XVI).

2. A la cathédrale, médaillon du soubassement (pl. II du portail gauche et dessous de console, Pl. B. 2) dans la monographie de Bégule et Guigue.

3. Chapiteau de Saint-Pierre de Caen, *Caen illustré*.

sonnifications de la faiblesse humaine : le lai de Virgile [1],
Adam et Ève, Hercule [2] et même Lancelot du Lac [3].

Il est d'ailleurs à remarquer que ces soubassements consacrés à la vie des saints évêques ne sont pas et n'ont jamais
été surmontés de statues en pied de ces mêmes saints. Les
grandes statues des contre-forts représentent deux apôtres
et deux diacres, complétant la série commencée dans l'ébrasement du portail, et quatre anges, deux dans chaque retour
d'angle. Quoique plusieurs de ces statues aient été refaites,
les originaux déposés au Musée archéologique ne permettent aucun doute.

Les deux autres pinacles représentent l'un (*1*, fig. 33)
une spirituelle petite scène : chevalier couronnant sa dame
et l'autre (*4*, fig. 35) un ange jouant du violon.

7. Vie de Saint Ouen

(*Retour d'angle à droite*)

Les années du pontificat de saint Ouen s'étendent de 641 à 684.
Les Bollandistes [4] ont publié une Vie datant du viiie siècle et une autre
postérieure. Une troisième a trouvé place dans les *Analecta Bollandiana* au t. V.

Une quatrième version ancienne, et celle-là rythmée, est restée
manuscrite dans le fameux « Livre noir » de l'abbaye de Saint-Ouen,
actuellement à la bibliothèque de Rouen. Enfin, tout un cycle historique ou légendaire tardif se constitue à partir du xe siècle autour de
la figure, toujours plus vénérée, du grand évêque, et sous le nom de
Variæ Translationes, *Alia miracula*, enrichit d'une foule de tra-

---

1. Chapiteau de Caen et pilastres du tombeau de Commynes (Cour de
l'École des Beaux-Arts). Cloître de Cadouin, *Annales archéologiques*, t. XVI.
2. Pilastre du tombeau de Commynes.
3. Chapiteau de Caen et coffret d'ivoire du British Museum (Moulage,
École des Beaux-arts).
4. *Acta SS.* au 24 août, p. 805 et suivantes.

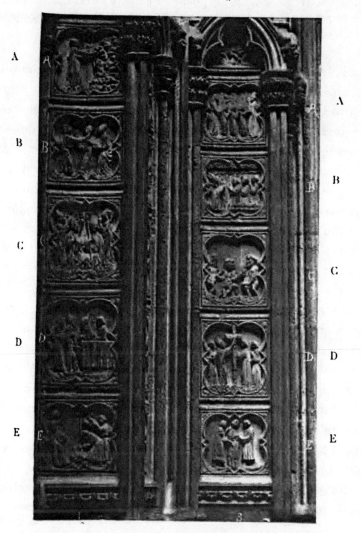

Fig. 37. — Portail de la Calende (retour d'angle à droite).
Vie de saint Ouen.

ditions de valeur inégale la littérature de la vie de saint Ouen. Dom
Martene[1] et les Bollandistes ont publié la plupart de ces compilations.
Nous verrons tout à l'heure la part de cet apport dans l'iconographie
des sculptures de Rouen.

Les deux premiers motifs de la série se rapportent à
l'enfance de saint Ouen ; un des biographes tardifs nous
raconte[2] que le saint évêque, alors qu'il habitait encore
les « lares » paternels sous les soins vigilants de sa
pieuse mère Aiga, exprima un jour à celle-ci le désir de
prendre un bain. Et comme Aiga lui faisait observer qu'il n'y
avait pas assez d'eau dans la maison pour satisfaire immédiatement ce vœu, l'enfant, en appelant à la toute puissance
du Dieu qui désaltéra les Juifs dans le désert, frappa le
rocher d'une verge qu'il tenait à la main et en fit jaillir une source miraculeuse « qui n'a jamais cessé de
couler »

C'est le sujet du médaillon *A 1* (fig. 37). Quant au fait
illustré par le médaillon suivant (*A 2*, fig. 39), il ne nous est
connu que par une mention de dom Pommeraye[3] qui déclarait
lui-même ne l'avoir trouvé dans aucun manuscrit et n'en
avoir connaissance que par la vieille tapisserie de l'église
(cette tapisserie semble avoir disparu à la Révolution). Il
s'agit de saint Ouen chassant un vol de grues du champ de
son père, fait qui ne paraît pas à première vue nécessairement surnaturel.

Remarquons que, dans ces deux représentations, l'enfant
qui, d'après la suite de son histoire, ne devrait pas encore

1. *Thesaurus novum anecdoctorum*, t. III, col. 1669 à 1686.
2. *Acta SS.*, p. 822.
3. Dom Pommeraye, Vie de saint Ouen dans l'*Histoire de l'abbaye de
Saint-Ouen*, Rouen, 1662.

avoir dix ans, est représenté déjà comme un évêque, avec
crosse et mitre. Les artistes du moyen âge nous ont habitués à
l'audace de leurs anachronismes mais celui-ci est d'autant
plus hardi que, dans un instant, nous verrons le saint avec ses
frères reprendre la forme d'un petit enfant. Ne nous plaignons
pas, d'ailleurs, car cette inconséquence nous vaut une bonne
figure d'évêque debout (*A 1*, fig. 37), devant le rocher
d'où coule un filet d'eau. .

Nous rentrons de plain-pied dans l'histoire avec le troisième médaillon (.*A 3*, fig. 37) qui nous montre saint Ouen
enfant, recevant avec Ado et Rado (lui-même s'appelait origi-
nairement Dado) la bénédiction de Saint Columban, abbé de
Luxeuil. Le passage, à travers la vie de saint Ouen, de cette
haute figure du grand moine irlandais, du grand fondateur
d'abbayes persécuté par Brunehaut, dont il censurait les
mœurs (comme un autre Chrysostome par une autre
Eudoxie), n'en est pas un des traits les moins intéressants.
C'est avant d'aller chercher en Italie une retraite plus sûre
contre l'inimitié de la reine mérovingienne que saint Columban
s'arrêta à Vultiacum (Ussy-sur-Marne) où habitaient les
parents de saint Ouen, Authaire et Aiga [1].

Comme saint Romain, dès qu'il a atteint « l'âge robuste »
saint Ouen est envoyé à la cour du roi (alors Clotaire II). Il
était de noble famille et faisait partie de ce qu'on appelait les
« optimates » [2]. Dans le bas-relief *A 4* (fig. 39) nous le voyons
investir par Dagobert, successeur de Clotaire, de la charge de
référendaire ou chancelier : « *auricularum, apocrisarius,*

---

1. *Vie de saint Columban*, par Jonas, Mabillon (*Annales des saints
de l'ordre bénédictin*) et *Acta SS.*, à la Vie de saint Ouen, p. 811.

2. C'est saint Ouen lui-même, dans la Vie de saint Eloi qui nous est parvenue sous son nom, qui se donne ce titre.

silentiarius », disent les textes. Remarquons que saint Ouen, encore laïque, est déjà vêtu en évêque.

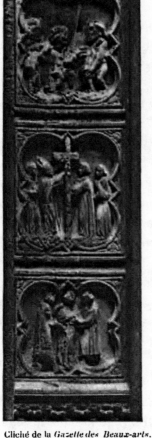

Cliché de la *Gazette des Beaux-arts*.

Fig. 38 — Vie de saint Ouen
(détail).

Il se lie d'étroite amitié avec Eloi, simple orfèvre que ses talents et sa probité venaient de faire entrer dans la faveur royale. « Comme deux oliviers féconds ou deux candélabres d'or illuminés du soleil de justice, ils brillaient d'un éclat égal à la cour du Roi », dit une des Vies [1].

Les sièges de Rouen et Noyon étant devenus vacants, les deux amis sont élus évêques et nous voyons dans le *B 1* (fig. 37) le roi remettre lui-même la crosse à ses deux conseillers.

Mais nos deux saints ne veulent pas accepter le fardeau du ministère épiscopal avant d'avoir mis un temps régulier entre la réception des diverses ordres et Audoenus, qui nous occupe spécialement, ayant été ordonné prêtre par saint Déodat, évêque de Mâcon, décide de se préparer à sa nouvelle mission en allant évangéliser les populations idolâtres d'Espagne. Nous le voyons ici dans le motif *B 2* (fig. 39) en train d'exhorter ses néophytes.

Une sécheresse affreuse régnait dans ce pays où il n'avait

1. *Act. Sanct.*, P. 806.

pas plu depuis sept années. Saint Ouen se met en prière
avec ses ouailles et, bientôt, le ciel s'ouvrant, « nouvel
Elie » il obtient une pluie abondante. Alors on voit « les
champs s'abreuver des bienfaits du ciel, les fontaines jaillir,
les prés s'engraisser, les arbres plier sous le poids des fruits,
les jeunes plants se redresser, la campagne se revêtir de la
parure des moissons, l'odeur des lys et des roses s'exhaler
plus suave et les laboureurs, ayant repris espoir, fatiguer
sous le joug le cou des taureaux [1] ». Saint Ouen et ses fidèles
prient à genoux ; au-dessus d'eux les nuages s'amoncellent
et de grosses gouttes de pluie en tombent (*B 3*, fig. 37).

Revenant d'Espagne en France pour y être sacré, Saint
Ouen guérit un malheureux qui, ayant travaillé le dimanche
à moudre son grain, avait vu sa main droite frappée de
paralysie (*B 4*, fig. 39). Le petit moulin à bras que nous
présente ce médaillon est très complet. On distingue la
meule tournant dans un cylindre et jusqu'à « l'œil » d'où la
farine tombe dans un récipient disposé en dessous.

Saint Ouen est sacré le même jour et en même temps
que son ami saint Éloi. Voici un bel exemple (*C 1*, fig. 37)
de ces rapports avec l'art des sceaux ou des médailles que je
signalais quelques pages plus haut. Le groupe de ces quatre
évêques dont deux sont debout et deux assis est remarquable
d'équilibre dans sa belle simplicité et les draperies y sont
excellentes.

Nous arrivons avec le *C 2* (fig. 39) à un groupe de sujets
qui m'ont causé longtemps les plus grandes perplexités.

---

1. *Acta SS.*, p. 813. Il faut voir de quel ton dom Pommeraye gourmande
l'historien de saint Ouen d'avoir perdu son temps à nous décrire les effets
pittoresques de la pluie, au lieu de nous apprendre dans quelle langue saint
Ouen parlait aux Espagnols.

Après le motif que je viens de décrire, m'apparaissait l'évêque en prière devant une croix. Puis, dans le cadre suivant, trois démons grotesques. L'un deux (restauré, ce qui ajoutait à mon trouble) tenait à la main un objet de forme analogue à celle d'une botte ou d'une jambe. Puis je voyais l'évêque (*C 4*, fig.39) chasser les démons qui, s'enfuyant, laissaient sur le terrain comme une dépouille opime, l'objet de forme bizarre. Enfin, saint Ouen, dans le médaillon *D 1* (fig. 37), s'étant emparé de cet énigmatique trophée, l'apportait à un personnage debout dans une chaire et que sa tiare conique pouvait désigner, soit comme le pape, soit comme un Juif ou un oriental... Que pouvait vouloir dire tout cela ? En vain, j'avais consulté Bollandistes et Vies françaises de saint Ouen. Je ne trouvais pas le plus petit indice de nature à m'éclairer et j'allais, de guerre lasse, abandonner la lutte jusqu'au moment où il me serait possible de consulter les manuscrits quand une note découverte dans l'ouvrage de M. l'abbé Vacandard vint me rendre l'espoir.

Cette note m'apprenait la publication dans les *Analecta Bollandiana* de deux textes relatifs à la Vie de saint Ouen et racontant deux voyages fabuleux du saint à Rome. Ayant ouvert les *Analecta* (on devine avec quelle hâte fiévreuse) j'y trouvai, dans un des textes si opportunément tirés en 1901 par M. Vacandard du sommeil où ils gisaient plongés depuis huit cents ans entre les feuillets poudreux du « livre noir » [1] l'explication complète et parfaite des quatre bas-reliefs mystérieux.

J'y pus lire en effet comment saint Ouen ayant accompli un voyage à Rome « au temps du pape Alexandre » (pape

---

1. N° Y. 27 de la Bibliothèque de Rouen ; n° 1046, du *Catalogue des Manuscrits des Bibliothèques des départements*, Rouen, par H. Omont.

Fig. 39. — Portail de la Calende (retour d'angle à droite.
Vie de saint Ouen.

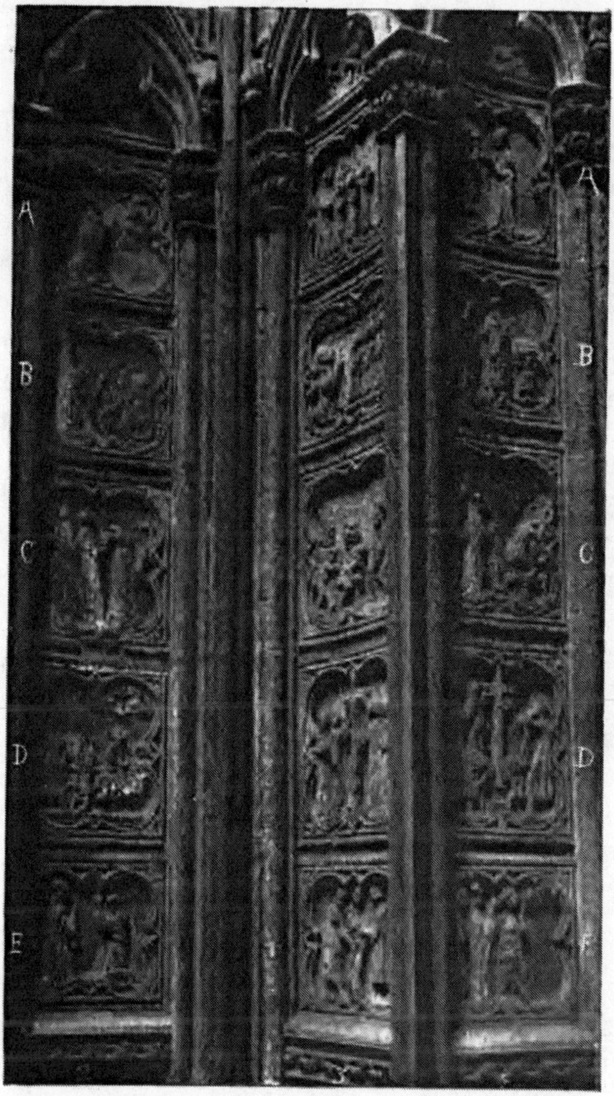

qui n'a jamais existé à cette époque) était déjà sur le chemin
du retour et prolongeait un soir (*C 2*) sa prière dans la
chambre où il s'était arrêté pour la nuit, comment tout à

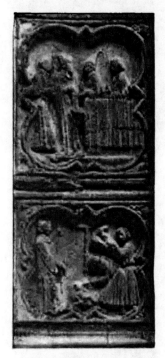

Cliché de la *Gazette des Beaux-Arts*.
Fig. 40. — Vie de saint Ouen
(détail).

coup il aperçut près de lui une
troupe de démons qui semblaient
passés en revue par leur chef (*C 3*,
détail 38), comment il entendit le
plus insolent d'entre eux se vanter
d'avoir incité le pape Alexandre à
un énorme péché, en montrant
dans la chaussure du coupable,
trouvée par lui en un lieu et une
société où elle n'eût pas dû se
rencontrer, la preuve irrécusable
du forfait, comment saint Ouen
ayant supplié Dieu de lui donner
un gage de la réalité de cette
vision, les démons se dispersèrent
en laissant sur place la pièce à
conviction (*C 4*) et comment le saint
alla, muni de la chaussure compro-
mettante (*D 1*. dét. 40) trouver le
pape qui, ne pouvant nier, prit le
parti d'avouer ses désordres et d'accepter la pénitence impo-
sée par l'évêque ; comment enfin saint Ouen ayant ordonné
au coupable une retraite de sept années pendant laquelle il
tenait sa place « sans que personne s'en aperçut » consentit
au bout de ce temps à le « réconcilier », à le restituer dans
sa charge et « se hâta », nous le croyons volontiers, de
rentrer dans son propre diocèse [1].

1 .«... Unus lascivior ceteris in medium prosiliit et quia papam Alexan-.

Il faut que cette légende, complètement apocryphe [1] mais dont le caractère est étonnant, ait joui d'une faveur singulière au moyen âge, à partir des premières années du xiie siècle, date que lui donne, me semble-il, M. l'abbé Vacandard pour avoir été ainsi insérée toute vive dans un ensemble iconographique de la vie de saint Ouen. Nous connaissions déjà, il est vrai, cette tradition d'un énorme péché secret, miraculeusement révélé à un saint personnage par l'histoire du péché de Charlemagne ou de Charles-Martel, racontée dans un vitrail et le cordon d'une voussure à Chartres [2].

Quoi qu'il en soit, l'ensemble des médaillons consacrés à cette légende [3] est d'un vif intérêt. La tête du prince des

dram cum quaedam sanctimoniali ad stupri flagitium imputerit, gravi cum insultatione asseruit. Ibi argumentum etiam sceleris committi, *amborum solulares* coram exposuit.

Ad hec humani generis atrox inimicus admodum insultare et cum cachismo exprobrationis nostrae religionis cultum cepit improbare........

...... Nec mora, choras ille teterrimus, *pedum indumenta* ibi relinquens, subito disparuit.

Quæ, vir Dei accipiens ad Romanae sedis fastigia properavit et *papae Alexandrae* que viderat et que a indignis spiritibus auditu perceperat *secreta* indicavit. *Ann. Bolland*, 1901.

1. Sur le caractère apocryphe de cette légende et sur la formation du cycle de saint Ouen à partir du xe siècle, voir l'ouvrage de M. l'abbé Vacandard. Il explique très bien comment le désir de hausser le saint local au-dessus des plus hautes gloires religieuses a poussé ses biographes tardifs à de tels excès. C'est, croyons-nous, l'intervention de ce mobile psychologique qu'il faut voir là plutôt qu'une satire des mœurs du clergé qui sonnerait comme l'écho anticipé de quelque fabliau du xiiie siècle.

2. Voir Mâle, *Art religieux au XIIIe siècle*, p. 395. Bulteau, *Monographie de la Cathédrale de Chartres*, 2 vol. 1891.

3. Dans un entretien que j'ai pu avoir à Rouen avec M. Devaux, l'habile et digne praticien qui, sur les modèles de son maître d'alors, M. Jean, exécuta *toutes* les réfections du portail de la Calende, j'ai appris que les restaurateurs (qui avaient cherché à se documenter à leur manière) avaient cru, devant ces scènes, se trouver en présence de la légende d'un autre saint. Mais cette méprise, bien explicable, puisque le texte révélateur était encore manuscrit, n'a pas eu d'inconvénient grave, car les éléments typiques de chaque scène sont restés intacts et ce qui a été refait l'a été, d'après le témoignage des parties qu'il s'agissait de remplacer.

démons. — celui du centre *C 3* (fig. 37 et 38), est d'une
insolence et d'une expression gouailleuse remarquablement
expressive Dans le *D 1* (fig. 39 et 40) l'imagier a

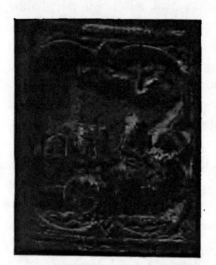

Cliché de la *Gazette des Beaux-Arts.*

Fig. 41. — Vie de saint Ouen
détail .

oublié que l'admonestation
de saint Ouen au pape
devait se passer *in secreto*,
d'après le texte, et son inadvertance a donné des té-
moins à la scène qui, d'ailleurs, est composée de façon
charmante. Le pape porte
la tiare archaïque de forme
conique dont nous connaissons les exemples fameux
de Reims et de Chartres.

Puis nous arrivons au
récit d'un épisode très
populaire reproduit dans
toutes les « Vies ».

Il s'agit du fait miraculeux suivant : saint Ouen, visitant
son diocèse en voiture (la fatigue de son âge ne lui per-
mettant plus de monter à cheval), voit soudain ses
mules s'arrêter comme devant un insurmontable obstacle.
Il aperçoit alors au ciel une croix fulgurante et, ne dou-
tant pas que Dieu veuille être honoré spécialement en ce
lieu, il met pied à terre, fabrique une croix de l'aiguillon
d'un laboureur brisé en deux morceaux, y attache quelques
reliques de saints et la fait planter, puis il peut reprendre
sa marche. Plus tard, saint Leuffroy bâtit sur cet emplacement un monastère qui s'est longtemps appelé Croix
Saint-Ouen (maintenant Croix Saint-Leuffroy) au diocèse
d'Évreux.

La série des bas-reliefs qui illustrent ce récit est charmante, pleine de détails pittoresques. Le chariot rudimentaire (*D* 2, fig. 39 et 41), ce chariot bas porté sur
quatre roues égales, couvert d'une
bâche et dans lequel on entrait par
derrière, véhicule des dames nobles
et des abbés, est en tout semblable à
une description que donne Viollet-le-
Duc [1] (*Dictionnaire du Mobilier*). Le
geste vif de l'évêque passant sa tête à
la portière (celle de son compagnon
est une restauration), la scène de la
plantation de la Croix avec le geste
du saint attachant les reliques (*D 3*,
fig. 37 et 38) et les efforts des ouvriers
(*D 4*, fig. 39 et 42) pour bien assu-

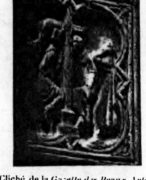

Cliché de la *Gazette des Beaux-Arts*.

Fig. 42 — Vie de saint Ouen
(détail).

jettir à son pied les « mottes de terre et de gazon » qui
doivent la fixer — ils se servent pour équilibrer leur pesée
d'une sorte de béquille appuyée sous leurs bras — tout cela
est d'une vie, d'une expression simple et directe tout à fait
intéressantes.

Vient ensuite une scène d'un médiocre intérêt, car elle
est complètement refaite. A supposer qu'elle nous rende
exactement le motif disparu, nous aurions, dans cet évêque
debout bénissant un fidèle à genoux, la guérison du muet
âgé de douze ans à qui saint Ouen rendit la parole (*E 2*,
fig. 39).

Enfin les deux derniers et très jolis reliefs (*E 3* et *4*,

1. Un chariot tout semblable mène saint Louis au sacre de Reims
dans une miniature du livre d'heures de Jeanne, reine de Navarre, reproduite dans Mantz, *Histoire de la peinture en France*, Bibliothèque de l'enseignement des beaux-arts,

fig. 37 et 39) représentent l'exorcisme d'une femme
possédée du démon rencontrée par le saint à Verdun, en
revenant de Cologne, où il était allé apaiser les discordes
survenues entre Austrasiens et
Neustriens. La figure de la
femme, heureusement indemne
de toute restauration (dét. 43)
montre le seul spécimen de draperie féminine que comportent
les deux séries de la vie des saints
évêques, draperie large et souple
d'un excellent style. De sa tête
s'échappe, aux adjurations du
saint, une petite figure de démon
cornu.

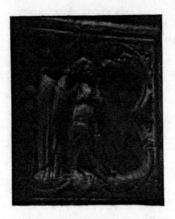

Cliché de la *Gazette des Beaux-Arts*
Fig. 43. — Vie de saint Ouen
(détail).

Autant qu'il est possible d'en
juger dans l'état où ils sont
réduits, les médaillons du portail Sud de l'église Saint-
Ouen comportent, avec cette scène, celles de l'apparition
de la Croix, le sacre, la guérison du paralytique, la pluie
d'Espagne et les faits de l'enfance. L'épisode de la «chaussure du pape » n'y figure pas.

III

ÉTUDE SUR LE STYLE DES BAS-RELIEFS DU SOU-
BASSEMENT DU PORTAIL DE LA CALENDE

Il devient opportun, après tant d'analyse, de faire un peu
de synthèse, et de nous demander quelles sont les notes
caractéristiques de l'art dont nous venons d'épeler une à une
les manifestations.

Et d'abord, quant à l'interprétation, notons l'absence de
tout symbolisme, sinon dans le choix des sujets bibliques
qui doivent certainement à leur qualité de figure du Christ
ou de la Vierge, le plan qu'ils occupent ici, du moins dans
la manière toute directe et narrative dont ces sujets ont
été traités. C'est là une remarque que M. Mâle avait faite
avant nous [1], et que l'examen d'un certain nombre de manuscrits et de vitraux du xiiie siècle vient confirmer par contraste et mettre en pleine lumière. »

En ce qui concerne les « histoires » de l'Ancien Testament,
je crois que nos imagiers ont bonnement pris leur Bible
dans une des traductions françaises qui commençaient à se
répandre et, qu'épelant mot à mot la lettre de l'Ecriture,
ils l'ont simplement et fidèlement traduite, sans y chercher
d'autre mystère, pensant qu'à elle seule, elle suffisait à
l'enseignement et à l'édification des fidèles.

Les travaux de M. Samuel Berger [2] ont établi que la
traduction française intégrale de la Bible, bientôt suivie de
la « Bible historiale » plus brève et commentée — de
Guyart des Moulins — date du règne de saint Louis. Pour
moi, la « Bible française du xiiie siècle », les vitraux de la
Sainte Chapelle du palais de Paris, les sculptures du soubassement du portail sud à la Cathédrale de Rouen, sont
trois œuvres qui ne sont pas seulement contemporaines,
mais qui se tiennent étroitement par l'esprit. Rien ne serait
plus séduisant que de commenter les petits bas-reliefs de
Rouen au moyen de citations empruntées au texte français
de la Bible du xiiie siècle. On reconnaîtrait dans les deux

---

1. *Art religieux*, p. 162.
2. *La Bible française au moyen âge*, Paris, 1884.

œuvres la même exquise bonhomie et la même inimitable fraîcheur d'accent.

Je dis que nos imagiers ont *lu* la Bible et je le crois.

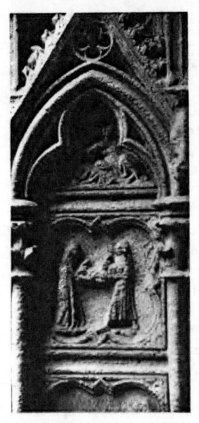

Fig. 44 — Histoire de Jacob (détail).

Alors qu'on ne peut, à l'heure qu'il est, comprendre leur œuvre qu'en étudiant très attentivement la lettre des récits bibliques, comment penser qu'ils aient travaillé sur ouï-dire, en partant de commentaires oraux ?

Une tradition extraordinairement détaillée aurait seule pu suppléer à la connaissance directe et personnelle des textes et je ne crois pas à cette tradition en ce qui concerne les exemples de Rouen, sauf peut-être pour « l'histoire de Judith et *sûrement* pour la parabole du Mauvais Riche ».

Il y a entre les sculptures à sujets bibliques du portail de la Calende et les autres types que j'ai pu leur comparer soit dans la sculpture même (comme l'histoire de Joseph à Auxerre), soit parmi les manuscrits et les vitraux, un trop grand écart de proportions, d'esprit, de choix des épisodes, pour qu'il soit possible de croire à une inspiration unique.

Et, même dans le sujet du Mauvais Riche où se constate, au contraire, très nettement l'influence d'une tradition, combien l'interprétation reste personnelle, souple, inventive et directe, réaliste peut-on dire ! — Or, cet idéal d'une représentation familière et vivante qui était le leur, nos artistes l'ont atteint par des moyens très simples, par des procédés de composition qui leur sont communs avec tout l'art du moyen âge, mais qui ressortent peut-être ici avec plus de netteté que nulle part ailleurs.

Et d'abord, dans une scène, jamais plus de personnages qu'il n'est nécessaire et jamais moins non plus : les dix enfants de Job, les onze frères de Joseph, sont scrupuleusement énumérés : partout ailleurs, deux ou trois personnages représentatifs suffisent à exprimer l'action. Et les sentiments de ces personnages, ainsi que la scène qu'ils jouent, nous sont indiqués par le geste.

Presque partout, ces obscurs tailleurs de pierre ont su rencontrer, avec un bonheur continu qui ne peut être l'effet du hasard, le mouvement *juste*. Le geste, chez eux, est suffisant, il ne s'efface pas à distance ; réduit à l'état de silhouette il demeure significatif et d'autre part il est sobre, il se tient toujours un peu en deçà de l'émotion éprouvée. Une mesure qui, dans les meilleurs morceaux, devient véritablement exquise, préside toujours à la mimique de ces petites scènes. Le geste à lui seul constitue une individualité à ces figures toutes conçues d'après le même type et visiblement dessinées d'une façon toute mécanique, analogue aux procédés que nous a révélés le livre de dessin de Villard de Honnecourt [1]. La comparaison avec les manu-

1. Voir commentaire de Viollet-le-Duc, au mot : *sculpture*. *Dictionnaire d'architecture*.

scrits et les vitraux met d'ailleurs en lumière à chaque pas
la supériorité expressive et vivante de la sculpture sur les
autres arts à ce moment du moyen âge : là où le vitrail
légendaire, par les nécessités même de sa nature et de sa
composition restreint les figures à une silhouette colorée
aussi simplifiée que possible, là où le pittoresque de la

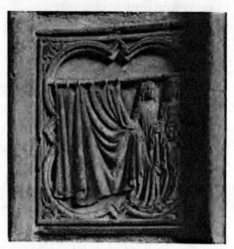

Fig. 45. — Histoire de Judith (détail).

miniature devient souvent, sauf quelques exemples admirables, de la grâce maniérée et toujours semblable à elle-
même, la sculpture fait vivre d'une vie intense et personnelle ses plus menues créations.

Le rôle que joue dans les petits bas-reliefs du portail de
la Calende ce que j'appellerai l'accessoire significatif est
aussi à remarquer : Édifice, paysage, mobilier, lit, table,
coffre, etc. — toutes notations qui servent à situer la scène
dans son cadre ; — sacs d'argent, ou de grains, récipients
de diverses formes, clef, glaive, etc. — objets qui indiquent
l'action accomplie, — tout cela, choisi avec tact, concourt

à l'intelligence de l'ensemble et à la grâce de la composition. Il en est de même de ces conventions par lesquelles
sont exprimés les repas, les voyages, la vieillesse ou la
maladie ou le sommeil. Et sans doute il peut paraître assez
candide de représenter au-dessus de la tête d'un homme
endormi, l'objet même de son rêve, quoique, à vrai dire,
on ne voie pas très bien comment on pourrait autrement en
suggérer l'idée, mais, gerbes de blé, étoiles, vaches
grasses ou vaches maigres, finement rendues, contribuent
pour leur part à équilibrer les lignes du tableau ; sans
doute le plus élevé des monuments de cette idéale contrée
n'atteint pas deux fois la stature humaine mais c'est une
petite construction logique et qu'on pourrait élever.....

Il serait d'ailleurs bien dommage de laver complètement
nos artistes du reproche de naïveté, car cette naïveté est
un de leurs grands charmes pourvu qu'on entende par
là, non la gauche lourdeur d'un esprit empêché, mais la
candeur d'un art jeune qui, dans son effort touchant pour
atteindre au rendu de la vie, peut bien échouer parfois,
mais n'est du moins arrêté par aucun faux idéal de grandeur, et dont les conventions mêmes sont des partis pris
de franchise et de simplicité.

Par les divers moyens que nous venons d'analyser, les
imagiers du portail de la Calende ont atteint la clarté, mot
qui, je le crains bien, va paraître paradoxal à quelques-uns.
Mais il faut distinguer : l'apparente complexité de ces petits
bas-reliefs tient à des causes tout accidentelles et extrinsèques:
la mauvaise qualité de la pierre, la vétusté ; pour quelques-
uns l'élévation trop grande et, pour d'autres, le manque de
lumière ; mais en eux-mêmes et dans leur conception première, ils sont la clarté même et cela est si vrai que, sauf

pour deux ou trois d'entre eux, je n'ai jamais trouvé plus
d'une explication possible. Les textes en main, toujours un
petit détail, d'abord inaperçu se révélait, venait préciser
la signification et l'imposait avec la force de l'évidence.

Qu'ils aient en outre et comme par surcroît atteint le
style et composé parfois de petites merveilles de goût,
d'équilibre et de sentiment, c'est ce qu'il est inutile de
redire ici après avoir mis sous les yeux du lecteur les
pièces du procès : mais ce qu'il fallait avant de passer au
portail des Libraires, où nous verrons des caractéristiques assez différentes, c'était préciser bien nettement ce
qui est l'esprit propre aux sculpteurs des soubassements du
Sud afin de pouvoir déterminer ensuite ce qui, sur l'autre
face de la cathédrale, se rapproche de cet esprit et ce qui
s'en écarte.

CHAPITRE SECOND

PORTAIL DES LIBRAIRES (PORTAIL NORD)

I. Considérations générales. — L'élément grotesque au
portail des Libraires. — Étude des sources iconographiques. — Comparaisons de style entre les bas-reliefs
de ce portail et ceux du portail de la Calende. Antériorité du portail de la Calende. — II. Iconographie
du soubassement. 1. Le récit de la création. 2. Les sujets
fantaisistes.

I

CONSIDÉRATIONS GÉNÉRALES

En 1280 [1], nous l'avons vu, l'archevêque Guillaume de
Flavacour cédait au chapitre de la cathédrale de Rouen une
partie de sa maison, « savoir depuis le pavement de la rue
Saint-Romain jusqu'à l'église et depuis le mur dudit palais
au cloître pour faire une porte ou entrée à la partie septentrionale ».

Les travaux furent-ils exécutés immédiatement et la date
doit-elle être prise à la lettre ? C'est ce que nous essaierons
de conjecturer dans un dernier chapitre par voie de comparaisons avec des monuments à date certaine. Mais je me

---

1. Date de l'acte du cartulaire de la cathédrale de Rouen reproduit plus
loin.

propose d'abord, — après avoir bien établi les caractéristiques des sculptures du soubassement nord — de prouver

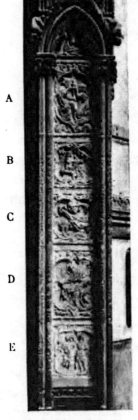

Cliché de la *Revue archéologique.*
Fig. 46. — Portail des
Libraires
(Trumeau de la porte.

qu'il est postérieur dans son exécution
à celui du sud, contrairement à ce que
l'on a souvent paru supposer.

Ce que l'on appelle à Rouen la
cour des Libraires (anciennement des
Libratiers, parce que les marchands
de livres y avaient installé leurs
échoppes) est un coin véritablement
privilégié et délicieux, qui a tout le
charme d'un espace clos entouré d'architectures presque entièrement respec-
tées par le temps. Circonscrite, d'un
côté, par l'église avec son portail, objet
de notre étude ; de l'autre, par une
jolie clôture gothique de la fin du
XVe siècle ; à gauche, par les bâtiments
de l'officialité, à droite par ceux du
cloître et de la Bibliothèque du Chapitre, cette cour, qui n'a jamais tout
à fait oublié qu'elle fut un cimetière,
jouit à la fois d'un silence, que ne
peuvent parvenir à troubler longtemps
les pas d'un fidèle ou d'un touriste
étonné, et d'une fine lumière de Nord,
égale, discrète et comme tamisée qui
se joue doucement sur la sculpture dont
elle fouille chaque détail d'une touche nette et un peu
froide.

Les lignes générales de l'architecture, très délicates, très nerveuses et un peu sèches, comme au portail du transept sud, se soudent aussi étroitement à la façade et prolongent leur décoration fleurie de gâbles et de pignons découpés sur deux avant-corps qui, se repliant à angle droit de la porte, lui constituent, ainsi plaqués sur les murs des bâtiments voisins (voir fig. 47), le plus harmonieux des cadres.

C'est sur ces avant-corps qu'ont trouvé place les exquises statues bien connues et souvent reproduites de cinq vierges et martyres[1]. Dans les gâbles, se lisent de charmantes petites compositions, parmi lesquelles le célèbre Crucifiement de saint Pierre[2] qui se retrouve aussi à Lyon dans un médaillon du soubassement.

La voussure comporte trois cordons occupés par des statues de confesseurs et de martyrs. Du tympan ne subsistent plus que les deux registres inférieurs, d'une belle et sobre exécution, représentant le réveil des morts et leur partage en élus et en damnés.

Et, sur les pilastres des pieds-droits, dans le même parti de décoration qu'au sud, c'est l'extraordinaire vie de tout un microscome étrange des créations les plus inattendues et les plus diverses.

Pour peu qu'on ait parcouru quelques-unes de ces con-

---

1. Je crois pouvoir affirmer que ces statues ne sont pas refaites comme on le dit souvent. Je m'appuie sur une étude attentive, sur le témoignage oral de M. Devaux, le sculpteur praticien longtemps occupé aux restaurations de la cathédrale et sur ce fait que le *moulage* de la sainte Apolline existe au Musée archéologique de Rouen. On n'aurait pas moulé une statue neuve et si on avait remplacé l'original, c'est lui qui aurait pris place au Musée comme cela a eu lieu pour tant d'autres statues de la cathédrale. Mais les têtes me paraissent modernes.

2. Moulé au Trocadéro. Voir : *Monographie de la cathédrale de Lyon*, porte gauche, G. 2.

fuses et prolixes encyclopédies dans lesquelles, sous le nom de
« Mappemonde [1] », « Image du monde », « Trésor », « Livre de
Clergie », le moyen âge a fait l'effort surhumain d'enfermer
toute la religion, toute la science et toute la morale, un
rapprochement s'impose à l'esprit et l'obsède : il semble
qu'on voie là, vivant dans la pierre d'une vie étrange et qu'ils
n'ont jamais possédée dans le livre, quelques chapitres de
ces Sommes naïves ; mais chapitres détachés, morcelés, aux
feuilles éparses et mêlées et dont un seul, par miracle, celui
de la « Création », aurait échappé tout entier au désastre.
Après ce récit, comme dans les « Images du monde » [2], voici
la représentation des « Arts libéraux », travail aussi imposé
à l'homme après la chute et qui met, comme l'autre, la sueur
au front, voici les lambeaux dispersés d'un traité des Vices
et des Vertus, voici quelques éléments d'un « Bestiaire », et
voici des souvenirs des « Merveilles d'Ynde », et voilà enfin
des bribes de mythologie, des réminiscences d'histoire profane,
voici Hercule et le lion et le Centaure nourricier d'Achille.

Et puis, et surtout, floraison débordante comme aux
marges de certains Missels et Psautiers, voici tout l'esprit
du libre moyen âge, tout ce que sa fantaisie brodait sur les
données traditionnelles, voici ce que le spectacle de tous les
jours lui inspirait, créations burlesques ou familières, caricatures, compositions monstrueuses, *grotesques*, pour tout
tout dire, d'un terme consacré [3].

Or, le grotesque est contemporain des plus lointaines origines de notre art religieux. Dès que les premiers sculp-

1. *Mappa mundi.*
2. *Histoire littéraire de la France*, t. XXIII.
3. Un tel mélange se retrouve dans des œuvres contemporaines à Strasbourg, Auxerre, Lyon.

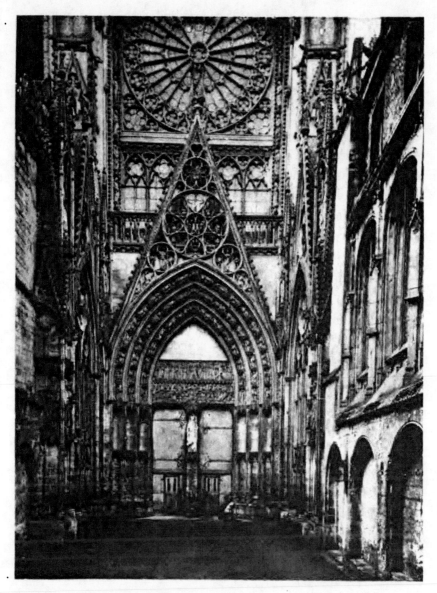

Fig. 47. — Portail des Libraires (transept Nord à la cathédrale de Rouen.

teurs romans essayèrent sur la pierre l'adresse encore incertaine de leur outil, ils la façonnèrent suivant le tour de leur imagination nourrie à la fois de religion et de rêve, et, à côté des premières représentations de la vie des Saints, du Christ ou de la Vierge, on vit apparaître les deux manifestations principales du grotesque, me semble-t-il ; figures humaines déformées, et animalités monstrueuses. Claveaux d'archivolte, retombées de voûtes et chapiteaux se couvrirent de créations étranges, d'une fantaisie parfois si démesurée, si inorganique qu'elle semble la survivance ou l'importation de quelque tradition orientale et témoigne en faveur de ces influences barbares sur l'art roman dont Courajod se montre si fort préoccupé[1]. Dans la période culminante de l'art gothique, le grotesque se fit plus rare et changea de nature, une pensée, lucide et ferme comme le dogme dont elle était issue, présidait à la composition et à l'ordonnance de toutes les parties de la décoration de l'édifice, et il n'y avait presque plus de place pour les fantaisies déréglées de l'imagination ; à peine laissa-t-on le grotesque s'accroupir sous les piédestaux des grandes statues où il remplissait un rôle purement décoratif, quand il ne participait pas même à la signification religieuse de l'ensemble en tant que représentation du vice vaincu par le saint ou du persécuteur terrassé par le martyr. Des coins obscurs ou reculés lui furent concédés à la retombée des arcs, au support des corniches ; une petite place lui fut faite dans le coin des Jugements derniers, à la porte de l'enfer, là ou se débattent démons et damnés devant la gueule symbolique de Léviathan : encore ne joua-t-il là un rôle prépondérant qu'à partir de la deuxième moitié du

---

1. Courajod, *Leçons de l'École de Louvre*, t. 1, *Origines de l'art roman*.

XIIIe siècle quand une ombre de décadence planait déjà sur la gravité de l'art religieux.

Sous la forme d'animalités monstrueuses, parfois combinées avec des éléments humains, le grotesque chassé des chapiteaux envahis par une flore harmonieuse et sereine, se réfugia tout au haut de l'édifice, au niveau des combles, et s'incarna dans la gargouille : alors, profitant de toutes les ressources d'un art qui arrivait à l'apogée et réunissait à la fermeté du style la perfection du métier, le grotesque gothique prit sa forme la plus haute. L'animal composé d'éléments hétérogènes, la forme humaine associée à des formes animales vécurent d'une vie réelle empruntée à l'art. Le monstre, si invraisemblable, si fantastique que pût être sa composition, devint organique.

Or cette faculté merveilleuse de donner la vie à des créations factices, de rendre vraisemblable ce qui est absurde, le grotesque du moyen âge s'en souvint quand, suivant l'évolution des esprits et des mœurs, il redescendit de ces hauteurs, reprit une place plus visible, s'offrit à portée de la main et du regard sur les soubassements de Rouen et de Lyon et quand ces sculptures alertes, déliées, spirituelles et vives, devinrent sans doute pour le peuple ce que peut être aujourd'hui un album de caricatures.

Or, on a beaucoup bataillé autour de ces grotesques. Les uns (et Viollet-le-Duc avec sa théorie fameuse de la Cathédrale, œuvre de protestation laïque contre l'Abbaye et le Château, n'est peut-être pas tout à fait innocent dans l'affaire) y ont vu les manifestations d'un état d'esprit populaire en révolte plus ou moins ouverte contre l'esprit religieux. Les représentants de cette école n'ont pas de joie plus vive que de pouvoir trouver dans quelque coin du plus grave et du plus noble édifice la grimace, la caricature, l'irrévérencieuse ou indécente plaisanterie. Le xiiie siècle leur donnant d'ailleurs peu de pâture, ils se rejettent sur le xive et le xve et leurs lecteurs, distinguant encore moins qu'eux les époques, s'en vont répétant les clichés traditionnels sur les énormes indécences de l'art gothique, sur les satires sanglantes des mœurs du clergé, etc.

Nous publions aujourd'hui intégralement [1] les bas-reliefs du portail des Libraires : qu'on veuille bien les examiner un à un et l'on constatera que, s'ils n'ont certes pas la gravité qu'on serait en droit d'attendre au seuil d'un monument religieux, s'ils sont d'une fantaisie et d'une liberté qui étonnent, on n'y rencontre du moins aucun motif scandaleux et même aucun qui puisse de façon incontestable être considéré comme une caricature de clerc ou de moine.

A Lyon, quelques années plus tard, le souffle est déjà moins pur et deux ou trois médaillons sont plus libres ou plus grossiers. Si l'on veut d'ailleurs se rendre compte de la réserve et de la discrétion relatives des sculptures de Rouen, il suffit de jeter un coup d'œil sur des ouvrages comme ceux de MM. Wright ou Champfleury [2].

Il n'est pas de lecture plus triste pour qui a ardemment aimé l'art du grand moyen âge. Dans quelle platitude et quelle grossièreté expire au xve et au xvie siècles sur tant de stalles d'églises françaises, anglaises ou flamandes, l'art qui restait à Rouen si spirituel et si nerveux !

Mais il est des amis plus compromettants et plus dan-

---

1. Sauf ceux de trois faces du trumeau de la porte en trop mauvais état.
2. Th. Wright, *Histoire de la caricature et du grotesque dans la littérature et dans l'art*, Paris, 1866, in-12. Champfleury, *Histoire de la caricature au moyen âge*, Paris, 1871, in-12. Voir aussi Maeterlinck, *Du genre grotesque dans l'art flamand*.

gereux que des ennemis, et c'est le cas de ces symbolistes
à outrance qui, troublés de constater ce qui leur apparaît
comme une fissure dans le vaste système apologétique de
l'art du moyen âge,
comme une tache sur la
robe immaculée de la Ca-
thédrale, font les plus
courageux et les plus vains
efforts pour tout expli-
quer, tout ramener à un
système d'interprétation
morale [1].

On frémit en pensant
à ce qu'un abbé Auber
ou une Mme d'Ayzac au-
raient trouvé dans les petits bas-reliefs du portail
des Libraires. Car leur
système habituel consiste
à décomposer un animal
monstrueux en ses élé-
ments simples, à donner à
chacun de ces éléments
une signification symbo-
lique, puis à reconstituer
une synthèse morale avec

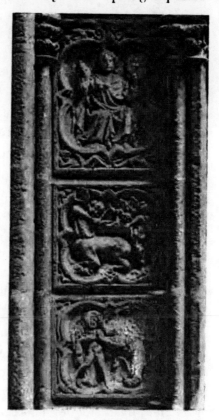

Fig 48. — Portail des Libraires (détail).

ces divers symboles. Et, comme les Vices ou Vertus ainsi

---

1. Voir : table analytique du *Bulletin monumental* ; nombreux articles
de Mme d'Ayzac dans la *Revue de l'art chrétien* ; abbé Corblet, *Vocabulaire
des symboles et attributs de l'iconographie chrétienne*, Paris, 1877 ; abbé
Crosnier, *Iconographie chrétienne* dans le *Bulletin monumental*, t. XIV.

juxtaposés peuvent se trouver contradictoires, une alchimie
infiniment subtile entre en jeu : les actions et réactions des
divers éléments sont étudiés laborieusement, et c'est ainsi
que Mme d'Ayzac, par exemple, arrive à trouver, dans une
figure d'amortissement des tours de Saint-Denys, le résumé
de toute une crise morale que la psychologie d'un Bourget,
jointe à celle d'un casuiste directeur de conscience, ne serait
pas de trop pour élucider [1].

Heureusement, il est possible de se tenir entre ces excès
opposés : non la Cathédrale n'est pas une œuvre de révolte,
c'est une œuvre de foi et d'amour, mais tout n'y est pas si
inflexiblement déterminé par le dogme. Une part très
petite d'abord, il est vrai, mais qui va grandissant à la fin
du XIIIe siècle, sous la poussée de causes diverses, y est
faite à la fantaisie, au décor, au sourire, sourire qui ne
dégénère pas encore en un rire grossier et trivial, en une
grimace polissonne.

La théorie moyenne, brillamment représentée par
M. Adeline [2] et plus récemment et avec plus d'ampleur par
M. Mâle [3], consiste donc à ne voir, notamment dans la plupart des figures du portail des Libraires, que des fantaisies,
charges d'atelier, caprices de sculpteur, combinaisons
inventées pour remplir le champ d'un quatrefeuilles. Et je
crois bien, en effet, que, dans cette interprétation, réside une
grande part de la vérité. Toutefois, dans une monographie
spécialement consacrée à ces bas-reliefs, j'avais le droit et le

---

1. Voir par exemple : *Revue d'architecture*, t. VII, p. 333, le barbet,
dont la queue à peine apparente symbolise l'oubli complet des fins dernières.

2. Adeline, *Sculptures grotesques et symboliques*, Rouen, 1879.

3. E. Mâle, *L'art religieux*, p. 78, 79. Voir aussi l'excellent article de
M. Joly dans le *Bulletin de la société des antiquaires de Normandie*, t, XI,

devoir de ne pas m'en tenir là dès l'abord sans chercher
loyalement par moi-même s'il n'existait pas un fil conducteur à
travers ce labyrinthe, une réponse à l'énigme de ce sphynx
multiforme. J'ai hâte de dire que je n'ai pas trouvé le mode
d'interprétation unique et suffisant qui rendrait raison de
toutes ces représentations et que je ne crois pas qu'on le
trouve jamais pour deux raisons : l'apparence évidemment
fantaisiste de la plupart de ces motifs (on n'explique pas
une arabesque [1]), en second lieu leur caractère fragmentaire
et l'absence de lien logique entre elles, absence qui multi-
plie les recherches possibles par le nombre même des différents sujets.

Néanmoins, quand on les regarde d'un peu près, la part
de l'inexplicable et de l'inexpliqué se restreint sensiblement :
M. Bégule [2] avait identifié, à la cathédrale de Lyon, le phénix,
le pélican, le lion, figures du Christ d'après les Bestiaires ; je les
ai retrouvés à Rouen avec d'autres thèmes aussi nettement
inscrits, avec une série incomplète de représentations des
arts libéraux et quelques figures de Vices et de Vertus.
Or, les encyclopédies du moyen âge font suivre le récit de
la chute originelle d'un traité des arts libéraux. Puis vient
le traité des Vices et des Vertus et le Bestiaire.

La question se posait ainsi pour moi. Etant écarté tout
système trop rigoureux de symbolisme théologique et moral,
quelle part cependant pouvait être celle de l'élément littéraire dans ces multiples créations et, par exemple, quels y
ont été le rôle et l'influence de la zoologie fabuleuse ?

---

1. Je ne citerai pas ici, après tant d'autres, la fameuse lettre de saint
Bernard sur l'inutilité et la vanité des représentations de ce genre.
M. Joly, *loc. cit.*, en donnant le contexte, prouve d'ailleurs que saint Bernard tolérait pour l'usage du peuple ce qu'il réprouvait pour les moines.
2. *Loc. cit.*

Berger de Xivrey, le P. Cahier, Hippeau ont retracé
l'histoire de ce grand fleuve aux eaux troubles dont la
source se perd dans la nuit profonde des plus lointains
mythes, des plus anciennes surprises de l'homme devant
la nature, dont on commence à pouvoir suivre le cours
dans la littérature grecque à partir de Ctésias, qui se grossit
alors par l'apport des traditions de tous les peuples, qui
reçoit dès les premiers temps de l'ère chrétienne l'affluent
d'un courant d'interprétation morale étroite et précise et
qui se divise alors en deux bras dont les eaux parallèles
restent cependant distinctes; d'une part les Bestiaires [1], c'est-
à-dire des traités avant tout moralisateurs et apologétiques
ou l'animal n'est plus que le chiffre d'un symbole, d'autre
part sous le nom de « Merveilles d'Ynde », chapitre obligé
de toute encyclopédie de moyen âge, une histoire naturelle
absolument fabuleuse, mais qui énumère les faits sans en
tirer de déductions et dont l'origine est une prétendue lettre
d'Alexandre, rendant compte à Aristote des choses extraordinaires qu'il a vues en Orient, lettre qui semble bien
avoir eu un prototype dès l'époque alexandrine.

Or, lorsqu'on parcourt quelqu'un de ces traités où les
créations fantastiques voisinent avec les individualités
zoologiques les plus authentiques, la harpie avec la huppe,
la sirène avec le hibou, le phénix avec la chèvre, lorsque
surtout on parcourt l'énumération de ces fabuleuses « merveilles de l'Ynde », lorsqu'on voit défiler les combinaisons

---

1. Le P. Cahier a publié (*Mélanges archéologiques*, Paris, 1847-56, t. II et
III) le bestiaire de Pierre le Picard, un bestiaire latin et le bestiaire Normand. Hippeau (*Bestiaire divin*, Caen, 1852) a édité, avec notes d'une admirable clarté, le bestiaire de Guillaume de Normandie. Berger de Xivrey (*Traditions tératologiques*, Paris, 1836) étudie d'une façon magistrale les
origines de tous les types d'animalité monstrueuse et publie la pseudo-
lettre d'Alexandre à Aristote et le traité *de Monstris* et *Belluis*.

humaines et animales les plus folles, hommes velus, cyno-

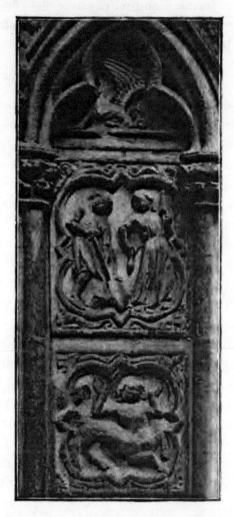

Fig. 49. — Portail des Libraires (détail).

céphales, hommes dont la tête est placée sur la poitrine,
azrabathéens qui marchent courbés vers la terre, zathiriens
« qui ont forme d'homme, musel de bœuf et cornes en la tête

semblables à des chèvres », « cyapodes » dont le pied unique
s'épanouit en forme d'ombrelle au-dessus de la tête », il
semble d'abord qu'on puisse trouver là l'explication et la
genèse de toutes les imaginations les plus hardies des
sculpteurs de Rouen.

Mais il n'en est rien : en fait, un nombre très restreint de
motifs peuvent passer pour des illustrations précises de
cette fantastique histoire naturelle. Une contre-épreuve est
éminemment instructive, c'est celle qu'on peut faire en comparant avec les bas-reliefs de Rouen les miniatures,
qui accompagnent le texte dans quelques-uns des manuscrits en question [1], ces miniatures, en général assez
pauvres, semblent laborieuses et sans vie ; on voit que l'effort pour rendre littéralement la donnée fabuleuse a fixé
l'imagination et glacé la main de l'artiste. Au contraire si,
abandonnant ces fastidieux autant que fantastiques traités.
on prend simplement quelque livre d'heures ou missel
dans les marges fleuries duquel le miniateur se soit laissé
aller à son imagination sans autre souci que celui de créer
une arabesque amusante enluminée de couleurs harmo-
nieuses, aussitôt l'analogie avec nos sculptures reparaît : on
se sent en famille [2].

Mais si nous devons renoncer à chercher dans les motifs
du portail des Libraires l'illustration d'un texte ou le
développement d'un thème, il reste du moins certain que la
plupart de ces formes reproduisent des types déjà consacrés

---

1. Par exemple 2200 Bibliothèque Sainte-Geneviève.
2. Voir Bibliothèque Nationale : n° 10484 (*Bréviaire des Frères Prêcheurs*),
13280, 1328 ; Bibliothèque Sainte-Geneviève, *Pontifical de Bourges*, n° 50.
Bibliothèque de Bruxelles (*Psautier de Gui de Dampierre*, 10607), 9961,
ibid. (*Psautier de Peterborough*) et 9427.

et que si elles n'ont pas rigoureusement, de généalogie littéraire, elles ont une généalogie figurée, des *antécédents
graphiques*. Or, pour la recherche de cette filiation,
recherche qui, par surcroît, donne quelquefois la signification cherchée, la comparaison avec les manuscrits est
une source précieuse de menues découvertes, source que
je n'ai pu explorer que très partiellement mais assez pour
être convaincue de ceci : l'origine de la plupart des thèmes
fantaisistes, traités dans les sculptures de Rouen et de
Lyon, est dans l'illustration des manuscrits. Et c'est là
aussi, comme l'a si bien remarqué M. Mâle, que se rencontrent les exemples les plus fréquents et les plus nets de la
juxtaposition, du voisinage, des imaginations bouffonnes
avec un texte sacré et souvent même avec d'autres illustrations
religieuses et graves.

En admettant que l'origine de ces thèmes remonte aux
miniatures il est très possible qu'il y ait eu un intermédiaire
ou même un manuel, ou guide commun aux deux arts. Il est
très remarquable que, non seulement à Rouen et à Lyon,
mais à Strasbourg[1], dans la frise de la base des tours Nord et
Sud, mais plus tard aux écoinçons de la chapelle des
comtes de Flandre à Courtrai[2], à la clôture des chapelles
de l'église de Hal, sans parler d'un nombre considérable de
stalles, du XIVe au XVIe siècle, on voit les mêmes associations de sujets hétéroclites, parmi lesquelles se retrouvent
pêle-mêle la licorne, le pélican, le lion, le phénix, les
sirènes, les lutteurs, les centaures ou sagittaires, et le

1. Dacheux, *Cathédrale de Strasbourg*, Strasbourg, f°, 1900. Moulages au
Musée de l'Œuvre du dôme à Strasbourg.
2. Moulages Trocadéro ; voir Jean Rousseau, *La sculpture flamande*,
dans : *Bulletins des Commissions royales d'art et d'architecture de Belgique*,
t. XIII et XVI.

couronnement de la Vierge [1] ou le sacrifice d'Isaac [2] ou tout autre sujet nettement religieux. Ainsi s'expliquerait comment des thèmes à signification très précise, comme il s'en rencontre dans les bas-reliefs de Rouen, y figurent sans ordre, sans suite et déchus, pour ainsi dire, de leur valeur symbolique, réduits au rôle de motif décoratif dont on a presque oublié le sens. Supposons un instant qu'un cahier de dessins ait ainsi circulé de ville en ville et d'atelier en atelier [3] : il devient très facile de comprendre que tel artiste, y choisissant au hasard le sujet qui lui plaisait pour remplir un pinacle ou un quatrefeuilles, se trouve faire voisiner, comme il arrive au portail de la Calende même (dans les pinacles), Jésus aux limbes avec la lutte d'un lion et d'un faune, et le couronnement de la Vierge avec un centaure faisant danser un singe.

Une autre source littéraire a été quelquefois invoquée à propos du portail des Libraires : celle des métamorphoses d'Ovide [4]. On sait la faveur dont ce livre a joui au moyen âge et un inventaire de la Bibliothèque de Rouen au xııᵉ siècle mentionne à côté d'un Bréviaire et des « Moralia in Job », « tres Ovidii » [5].

Un peu plus tard toute une exégèse symbolique se développait sur les fables du poète latin et prétendait y trouver

1. Courtrai et Rouen.
2. Strasbourg.
3. M. Julien von Schlosser a publié t. XXIII des *Jahrbücher* des Musées de Vienne) une sorte de recueil de *têtes d'expression* évidemment destiné par son format et sa disposition a être emporté commodément en voyage. L'auteur date ce recueil des débuts du xvᵉ siècle et croit y reconnaître le style de l'École de Cologne.
4. Pour la première fois, semble-t-il, par M. Pothier, *Visite archéologique à la Cathédrale* (*Bulletin Monum.*, t. XVIII).
5. *Bibliothèque de l'école des Chartes*, 1849, Delisle.

une sorte de « révélation particulière faite par Dieu aux

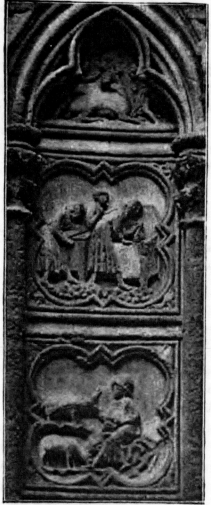

Fig. 50. — Histoire du Mauvais Riche (détail).

gentils et où il aurait esquissé, comme dans l'Ancien Testament, l'histoire de la Chute et de la Rédemption » [1]. J'ai

1. Mâle, *loc. cit.*, p. 383.

étudié très attentivement deux beaux manuscrits des « fables
d'Ovide moralisées » dont l'un est à la Bibliothèque de
l'Arsenal, et l'autre (du xiv⁰siècle) à celle de Rouen même [1].
De tout le parallélisme figuratif extraordinaire imaginé par
Chrestien Legonais de Sainte-Maure, rien, est-il besoin de le
dire, n'a passé dans les bas-reliefs de Rouen. Mais çà et là,
une miniature représentant une transformation d'homme
ou de femme en quelque animal n'est pas sans suggérer
quelque rapprochement avec les fantaisies de nos imagiers.
La miniature frontispice du manuscrit de Rouen est assez
significative à cet égard. Toutefois je crois que, comme les
« Merveilles d'Ynde » comme les « Bestiaires », les « Métamorphoses d'Ovide » ont plutôt agi en tant qu'excitant l'imagination et la préparant à concevoir des formes monstrueuses que
comme inspiration directe.

Mais ce qu'il faut nous hâter de dire, c'est le parti véritablement unique que les sculpteurs du portail des Libraires
ont su tirer de tous les éléments que nous venons d'essayer
de dégager, c'est la vie intense qu'ils leur ont communiquée
et qui donne à leurs créations une supériorité si grande
sur tout ce qu'on peut leur comparer.

Il est grand temps d'arriver maintenant à l'étude du style
des bas-reliefs du portail des Libraires comparés à ceux du
portail de la Calende. Or, si l'on jette les yeux sur l'ensemble de nos figures, il me semble qu'on sera frappé tout
de suite, comme je le suis moi-même, des contrastes véri-
tables qui se manifestent d'un portail à l'autre. Différence de
composition : les motifs se pressent ici beaucoup plus étroi-

---

1. Nᵒ 5069, Bibliothèque de l'Arsenal. Pour le manuscrit de Rouen, voir :
Catalogue des manuscrits des Bibliothèques de province, Seine-Inférieure,
par H. Omont ; nᵒ 1044 et *Histoire littéraire de la France*, t. XXIX.

tement dans le champ du quadrilobe qu'ils semblent toujours tentés de déborder et qu'ils débordent parfois en réalité (scène de l'Expulsion du Paradis, *A 12*, fig. 58), celle de Samson et la courtisane *B 11* (fig. 55). Que l'on compare n'importe quelle scène de la série de la Création, au nord, avec n'importe quelle scène de l'histoire de Jacob, au sud, et cette différence sautera aux yeux (cf. fig. 51 et 52).

Différence dans le caractère des draperies, à droite, simples, à peine accidentées du léger mouvement que fait la main des femmes en relevant la robe par-devant, ici beaucoup plus agitées, plus souples, plus libres avec une grande abondance d'étoffe lourde qui retombe sur les pieds en replis sinueux. Comparez par exemple la draperie du détail fig. 60 des Libraires (Christ assis et femme avec l'enfant) à celle du détail fig. 16 de la Calende (conversation senti- mentale). Différence dans les têtes généralement plus larges, différence dans l'agencement des motifs des pinacles qui, au lieu de comporter deux ou trois personnages comme cela a généralement lieu au sud, ou bien un seul personnage au milieu de l'écoinçon, laissant de l'air autour de lui, ne comportent uniformément, au nord, qu'une figure humaine ou animale qui s'adapte complètement à la forme trian- gulaire qu'elle doit occuper au moyen du jet des draperies ou de la contorsion du geste. Différence dans l'expression qui est, au portail des Libraires, beaucoup moins réservée, moins sobre et moins calme — je parle, bien entendu, des sujets où la comparaison est possible, c'est-à-dire du registre consacré à la Genèse. — Comparez par exemple la scène exquise d'ailleurs, où Caïn et sa femme se livrent au tra- vail (fig. 49 des Libraires) avec la scène de la rencontre de Jacob et Rachel (fig. 11 de la Calende).

Avec quel déhanchement charmant, mais inutile, la petite
femme fait passer son fuseau derrière elle en cambrant

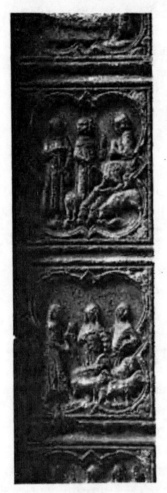

les reins, tandis qu'une robe trop
longue s'appuie sur le sol en se
repliant et avec quel vif mouvement de côté Caïn penche la
tête en bêchant !

Il n'y a rien de pareil dans tout
le portail sud. Et je n'ai rien dit
encore de la différence pourtant
capitale des sujets.

En réalité, quoique l'iconographie des deux soubassements
se touche par deux points : parce
qu'il y a quelques « grotesques »
au portail de la Calende, soit
dans les pinacles, soit à la limite
de l'ébrasement du portail, et
parce qu'il y a, au portail des
Libraires, tout un registre consacré à la Genèse, il n'y en a pas
moins dans l'ensemble, entre les
deux groupes, une divergence ra-
dicale : les sujets graves, suivis,
déroulés patiemment comme les
feuillets d'un livre, dominent
tellement d'une part et de l'autre

Fig. 51. — Histoire de Jacob
(détail).

les sujets énigmatiques, bouffons,
caricaturaux, fantaisistes et hété-
rogènes, que c'est là un contraste sur lequel il n'est pas
besoin d'insister.

A toutes ces différences, vient s'en ajouter une autre qui n'a jamais été remarquée, que je sache, et qui, au point de vue de la démonstration rigoureuse, est peut-être plus efficace encore : je veux parler d'une différence de profil et d'appareil. On sait toute l'importance que prend dans l'architecture le *profil*, c'est-à-dire le tracé des moulures, tracé que rend sensible une coupe faite normalement à la courbe de l'arc.

« Le profil, dit Viollet-le-Duc [1], est une des expressions du style et une de ses expressions les plus vives. » Au point de vue qui nous occupe, le profil apparaît comme quelque chose d'analogue, quant à la construction, à ce qu'est la draperie, quant à la sculpture : c'est la signature et la marque de l'époque.

Or, examinons attentivement le tracé de deux quatre-feuilles empruntés l'un au soubassement sud et l'autre au soubassement nord (fig. 49 et 50), et nous verrons que la moulure qui dessine les lobes du médaillon est au sud (Calende) d'un profil cylindrique dans ses deux lignes parallèles tandis qu'au nord (Libraires) ce profil est rectangulaire. Dans le tracé de l'arc trilobé qui abrite les petits motifs sculptés des pinacles le double *filet* a disparu.

Enfin, au lieu qu'au sud, chaque quatrefeuilles, d'abord inscrit dans une moulure qui dessine un rectangle, est ensuite séparé du motif voisin — en hauteur — par une nouvelle moulure, au nord il n'existe, entre un motif et l'autre, qu'une seule ligne assez grossièrement tracée.

Les chapiteaux du nord sont plus bas ; les deux couronnes de feuillages qui les ornent sont plus rapprochées l'une de l'autre.

1. Dictionnaire, au mot : *profil*.

Et toutes ces différences qui marquent un écart d'époque d'exécution ne seraient peut-être pas suffisantes pour prouver que le soubassement nord soit le plus récent, si nous n'avions le moyen de procéder à une contre-épreuve : les soubassements de Lyon sont, eux au moins, postérieurs à 1308. Or les mêmes nuances s'y affirment, plus accentuées encore : le chapiteau, plus écrasé, n'a plus qu'une seule couronne de feuillage, le profil des moulures est rectangulaire ; le second filet a également disparu dans l'encadrement des rectangles et, symptômes nouveaux, les nuances délicates de l'appareil ne sont plus observées, les médaillons sont tous tracés sur des mesures identiques, les couronnements des pinacles ont perdu leurs architectures délicatement ajourées (fig. 65)..... On le voit, c'est la même fatigue de la main, semble-t-il, le même appauvrissement graduel d'un thème trop souvent répété qui se manifeste avec une progression croissante du portail sud de Rouen au portail nord, et du portail nord de Rouen aux portails de Lyon.

Il en est exactement de même de la sculpture : draperies, attitudes, composition, exécution vont de l'un à l'autre portail en marchant vers une décadence rapide. Au portail de la Calende nous sommes encore dans la tradition du XIII⁰ siècle ; les symptômes du XIV⁰ se font pressentir au portail des Libraires. A Lyon ils s'imposent indiscutablement.

Mais il est juste de reconnaître que, malgré une pureté de style déjà bien amoindrie, les médaillons du soubassement nord de Rouen ont pour eux le charme d'une fécondité d'invention et d'une liberté d'exécution véritablement remarquables.

Nous avons, de la faveur dont ils durent jouir dès leur apparition et longtemps après, un témoignage singulièrement probant : lorsque, de 1457 à 1469 [1], on procéda à Rouen, à la construction de ces stalles dont ne subsistent plus que les « miséricordes », dix-neuf sujets sur quatre-vingt-huit y furent empruntés aux motifs du portail des Libraires. Les autres reproduisent, pour la plupart, des scènes de métier. On le voit, les « Ymaigiers » qui, de Flandre, vinrent au secours de leurs confrères rouennais, trouvèrent tout constitué le répertoire des formes que leur alerte ciseau devait dégager du bois de chêne des forêts normandes. En retournant chez eux ils se souvinrent peut-être de ce qu'ils avaient vu à Rouen et c'est ainsi que, sur plus d'une miséricorde de stalle de Belgique ou de Hollande, une enquête minutieuse relèverait le souvenir de motifs tracés pour la première fois sur le soubassement de la cathédrale de Rouen.

A l'autre bout de l'échelle des temps, Ruskin [2] a remarqué combien, « avec quelques touches rudes et rares », les artistes du portail nord avaient su exprimer de réflexion et de fantaisie jusque dans les petites figures animales qui remplissent les interstices des quadrilobes [3].

Une phrase de lui, quelque peu sibylline comme toujours, nous servira d'épigraphe pour le chapitre con-

---

1. *Stalles de la Cathédrale de Rouen*, Langlois, Rouen, 1838, avec appendice historique de M. Deville.
2. *Sept lampes de l'architecture*, traduit de l'anglais, Société française des éditions d'art, Paris, 1900.
3. Voir à ce sujet la page bien « ruskinienne » que M.M. Proust, dans la préface à la traduction de la *Bible d'Amiens*, consacre à décrire et commenter sa rencontre avec le « petit monstre inconnu » ressuscité par l'attention du maître.

sacré à l'analyse iconographique du portail des Libraires.

« Personne ne peut être un amoureux des sentiers les plus élevés de l'art qui n'a pas assez de sensibilité et de charité pour se plaire à l'expansion des cœurs échappés de prison. »

Entendons par *prison* la geôle même de la vie avec ses tristesses et ses laideurs, et nous serons bien préparés à sourire avec indulgence aux plus folles et plus narquoises imaginations de nos amis les imagiers de Rouen. |Sans doute tant de silhouettes bizarres, grimaçantes, demi-nues, contorsionnées, caricaturales et provocantes semblent une singulière introduction à la majesté du lieu, mais quoi! n'est-il pas naturel après tout que, sur ce môle séculaire où venaient battre tous les flots de la vie, un peu de l'écume des fantaisies humaine soit restée ! Tout alors aboutissait à la cathédrale. Qu'elle ait gardé le souvenir des ébats de ses enfants, de leurs jeux et de leurs joyeux propos, cela prouve qu'elle était la maison de l'homme en même temps que la maison de Dieu ! D'ailleurs la physionomie auguste du monument n'en est pas altérée ; cette délicate broderie de pierre, qu'il faut regarder presque à la loupe, ne distrait le regard que si on le veut bien, et l'aïeule vénérable continue sa marche à travers les siècles, sans s'inquiéter de traîner après elle, gravée sur l'ourlet de son manteau, la signature espiègle de quelques enfants terribles d'artistes !

II

ICONOGRAPHIE DU SOUBASSEMENT

1. LE RÉCIT DE LA CRÉATION

Il n'y a, au portail des Libraires, de proprement défini et suivi, qu'un seul ensemble consacré à un sujet religieux, et cet ensemble est constitué par le premier registre supérieur sur toute l'étendue du soubassement, en commençant par le premier motif à droite de la porte jusqu'à l'extrémité opposée et continuant jusqu'au dernier à gauche de la porte.

Cet ensemble illustre les quatre premiers chapitres de la Genèse, depuis la Création jusqu'à la mort d'Abel, suivant une coupure traditionnelle, qu'on retrouve dans un grand nombre de monuments — notamment les Manuscrits — quand la Bible tout entière n'y est pas accompagnée de figures [1].

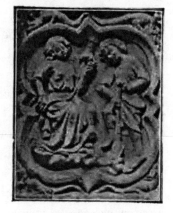

Cliché de la *Revue d'art.*

Fig. 52. — Portail des Libraires (détail).

Didron [2] a consacré un volume tout entier à l'iconographie du Créateur chez les Grecs et les Latins. Nous ne pouvons entreprendre de le résumer. Notons seulement les types qui peuvent nous apporter des éléments de compa-

---

1. La lettre initiale de beaucoup de bibles ou de psautiers comprend une création ainsi conçue.
2. *Histoire de Dieu*, dans les *Documents inédits de l'histoire de France.*

raison : les vitraux représentant la Création sont relativement assez peu nombreux. M. Mâle cite ceux d'Auxerre et de Soissons : j'y ajouterai la verrière de Lyon, celle de la Sainte Chapelle et surtout celle de Tours qui m'a fourni l'occasion de quelques rapprochements intéressants. Quant aux Bibles illustrées, il n'en est pas qui n'offre une création plus ou moins détaillée. Celles dites « de Guyart des Moulins » sont particulièrement fécondes en détails curieux. Mais, contrairement à la plupart des thèmes bibliques que nous avons analysés jusqu'ici, les premiers chapitres de la Genèse sont brillamment représentés dans la sculpture monumentale.

Laon [1], Chartres [2], Reims [3] ont leurs cycles de la Création développés dans des voussures ; un peu plus tard le récit des premiers jours de l'humanité descend de ces hauteurs et s'offre de plus près à l'instruction et à l'édification des fidèles et nous avons alors les ensembles charmants, familiers et pittoresques à l'envi, d'Auxerre, de Bourges, de Rouen, de Lyon en France, d'Orvieto en Italie, tous procédant du même esprit de candeur et de bonhomie.

Les artistes du xiiie siècle conçurent l'Œuvre des sept jours d'une façon qui peut paraître aux philosophes modernes scandaleusement anthropomorphique, mais où vit toute la tendresse la plus intime des rapports établis par le christianisme entre l'homme et Dieu, et qui, par là, conserve une signification profonde en sa naïveté. Il passe un souffle d'idylle sur ces scènes délicieuses où Dieu façonne amoureusement le corps et l'âme de sa créature pour des

1. Fenêtre droite façade occidentale, Voussure.
2. Baie septentrionale, porche central, Voussures.
3. Voussures de la rose latérale nord.

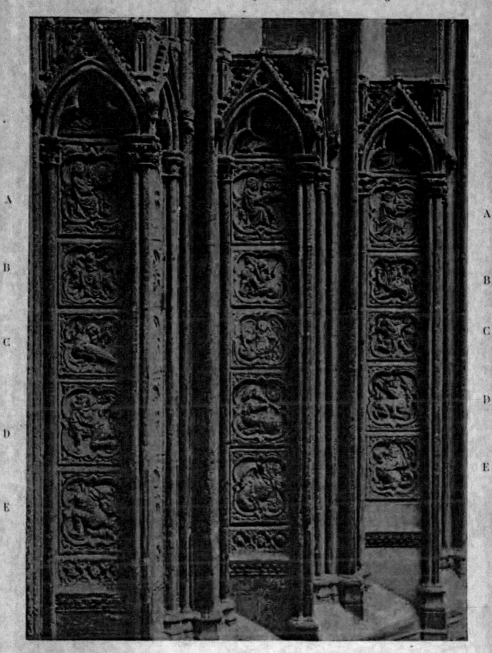

Cliché de la *Revue archéologique.*

Fig. 53. — Portail des Libraires. Ensemble de trois piles (face)
du côté droit.

destinées éternelles et l'introduit dans un jardin merveilleux ;
même après la chute et l'exil, l'idylle ne se change pas
brusquement en drame et les travaux symboliques de la
bêche et de la quenouille, la première maternité sont pré-
textes à des petits poèmes intimes d'une pénétrante saveur.

Enfin, par l'occasion qu'il leur fournissait de s'attaquer
au problème du nu, mieux qu'aucun autre, ce sujet per-
mettait à nos imagiers de déployer toutes les ressources de
leur imagination et de leur adresse déjà grande : nous
allons voir dans quelle mesure ils en ont profité à Rouen.

« Au commencement, Dieu créa le ciel et la terre. La terre
était informe et nue, les ténèbres couvraient la face de
l'abîme et l'esprit de Dieu était porté sur les eaux. Or, Dieu
dit que la lumière soit et la lumière fut faite ....

Et du soir et du matin se fit le premier jour [1] » (*Gen.*, I, 1-5)

L'esprit tout rempli de la majesté du texte, on est, je
l'avoue, au premier abord, un peu déconcerté de se trouver
en présence de l'interprétation figurée (fig. 53). Et pourtant cette interprétation, dans sa simplification voulue, est si
touchante qu'on y est vite rallié.— Deux types principaux
de Dieu créateur ou plutôt de Dieu dans l'acte de
créer, se remarquent dans les monuments du moyen âge :
il y a la création que j'appellerai réaliste, dans laquelle
on voit Dieu accomplir son œuvre de ses propres mains
et, par exemple, lancer la lune et le soleil dans l'espace,
donner le vol à une bande d'oiseaux, ou jeter un poisson
dans la mer ; et il y a la création symboliste dans laquelle
l'œuvre créée est inscrite sur un disque que Dieu tient à la
main.

1. J'emprunte mes citations à la traduction de Lemaistre de Sacy.

Ces deux types se rencontrent très souvent simultanément comme à Auxerre et dans un grand nombre de manuscrits[1]. Nulle part, je crois, le second parti n'est suivi aussi rigoureusement qu'à Rouen où la Création tout entière se déploie successivement, depuis le premier jour jusqu'au septième, sur le disque symbolique. Et n'y a-t-il pas comme un dernier écho et l'expression la plus ingénieuse de cette lointaine tradition dans « les Sept jours de la Création », de Burne Jones, dans ces anges, dont chacun porte, représentée sur une sphère lumineuse, l'image d'une des étapes de l'œuvre divine ? Or le peintre anglais, nous le savons, était fort au courant de tout notre art gothique français.

A Laon, à Chartres, à Reims c'est le premier type qui a prévalu. A Lyon, les sept jours sont condensés en un seul.

Malheureusement, la série des figures du Créateur, à Rouen, s'ouvre par la plus médiocre qui soit née sous le ciseau des sculpteurs du portail des Libraires, par ce personnage balourd et courtaud, à la tête vulgaire, au pied énorme, qui n'a d'autre intérêt que de nous montrer un type très caractéristique, dans sa banalité même, du pli en volute, spécial au XIV⁰ siècle.

Sur le disque figure une première couronne de nuages et au centre la petite terre.

Les écoinçons de ce quatrefeuilles sont particulièrement soignés ; la forme plus allongée du rectangle et l'absence, que j'ai déjà signalée, du double filet inscrivant le quadrilobe a laissé place à des figures plus importantes, et nous

---

1. Notamment Bibliothèque Nationale, lat. 1034 et 11534, Bibliothèque de l'Arsenal, 91, 5056, 5057, 5059, Bibliothèque de Bruxelles, 15001.

avons dans le haut deux béliers, front à front, et, dans le
bas, toute une petite scène qui semble échappée d'une
page de manuscrit : enfant poursuivant un renard et
l'attrapant par la queue.

A 2, fig. 54. « Dieu fit le firmament et il sépara les eaux
qui étaient sous le firmament d'avec celles qui étaient au-
dessus. Et cela se fit ainsi, et Dieu donna au firmament
le nom de Ciel et du soir et du matin se fit le second
jour » (*ibid.*, I, 7, 8).

Voici une figure un peu meilleure quoique encore trop
semblable à la précédente. Sur le disque, une première
bande de nuages ; puis le ciel, puis une bande d'eau, et
enfin la terre ; impossible de suivre le texte de plus
près.

A 3 (fig. 53). « Dieu dit encore : que la terre produise de
l'herbe verte qui porte de la graine et des arbres fruitiers
qui portent des fruits chacun selon son espèce et qui ren-
ferment leur semence en eux-mêmes pour se reproduire sur
la terre et cela se fit ainsi . . . . . Et du soir et du matin se
fit le troisième jour » (*ibid.*, I, 11-13).

Le Christ[1] penche la tête avec un essai de mouvement
déjà plus souple et plus heureux : sur le disque, entre la
terre et les nuages, trois petits arbres. Dans les écoinçons,
en bas, deux coqs stylisés affrontent leurs têtes ; en haut,
c'est un chien et un sanglier. Il n'y a pas, à Rouen comme
à Lyon, d'animaux représentés d'une façon réaliste dans
le champ même des quatrefeuilles. C'est dans les écoinçons

---

1. Le moyen âge a vu dans le Créateur le Christ, suivant la doctrine théologique d'après laquelle Dieu a tout fait par le Verbe « per quem omnia
facta sunt », dit le symbole de Nicée, et il ne fait que répéter Saint Paul, le
théologien par excellence du Verbe : « Omnia *per ipsum* et in ipso facta
sunt », *Coloss.*, I, 16.

que s'est logée cette faune familière et devenue de proportions minuscules.

A 4 (fig. 54 et 60). « Dieu fit donc deux grands corps
lumineux, l'un plus grand pour présider au jour et l'autre
moindre pour présider à la nuit et il les mit dans le
firmament . . . . . et du soir et du matin se fit le quatrième
jour » (ibid., 16, 19). Le Christ est cette fois assis, les genoux
de face et le buste de profil : son ample manteau retombe
en plis abonbants sur les pieds dont le bout seul est
découvert : sur le disque apparaissent le soleil et la lune.
C'est la première figure que nous puissions tenter de comparer, sans trop de désavantage, à l'admirable Créateur
d'Auxerre (quatre premiers panneaux de la Création)[1] ; à
Auxerre, le Christ lance de la main gauche le soleil dans
un espace circulaire entouré de nuages où figurent déjà la
lune et les étoiles et son geste a une gravité souveraine
admirable.

A 5 (fig. 53). « Dieu créa donc tous les grands poissons et
tous les animaux qui ont la vie et le mouvement, que les
eaux produisirent chacun selon son espèce, et il créa
aussi tous les oiseaux selon leur espèce. Il vit que cela
était bon . . . . . Et du soir et du matin se fit le cinquième
jour. Dieu dit aussi : Que la terre produise des animaux
vivant chacun selon son espèce, les animaux domestiques,
les reptiles et les bêtes sauvages de la terre et cela se fit
ainsi » . . . (ibid., 1, 21, 23, 24).

Sur le disque apparaissent trois oiseaux volant posés de
champ et des quadrupèdes, la figure du Créateur est de
nouveau assez mesquine et gauche.

1. Moulages au musée du Trocadéro.

.A *6* (fig. 54). « Il dit ensuite : « Faisons l'homme à notre
image et ressemblance et qu'il commande aux poissons de
la mer, aux oiseaux du ciel, aux bêtes, à toute la terre et
à tous les reptiles qui se meuvent sur la terre ». Dieu créa
donc l'homme à son image » (*ibid*., 26, 27).

Voici un exemple, fort rare à cette époque, des trois
personnes divines, représentées égales et semblables, con-
courant ensemble à la création de l'homme. On sait que la
théologie chrétienne a vu, dans le pluriel employé à cette
place par l'écrivain sacré, la plus ancienne manifestation
de la Sainte Trinité. Dans aucune des représentations
sculptées de la Création que nous avons énumérées ne
figure cette notation spéciale. Elle est très rare aussi dans
les manuscrits où la Sainte Trinité, figurée soit à la création de l'homme [1], soit en illustration du Psaume « *Dixit
Dominus* » [2], est généralement représentée sous la forme
de deux personnes égales avec la colombe au centre.

La figure centrale, celle du Christ, est, cette fois, de
pleine face et tient sur ses genoux, soutenue de la main
gauche, tandis que sa droite donne la bénédiction, le
disque sur lequel repose Adam, couché sur la terre à
l'ombre d'un arbre.

.A 7 (fig. 55). Remettant à plus tard, pour la faire entrer
dans une suite d'une composition différente, l'introduction
d'Adam dans le paradis, l'illustrateur passe de suite à la
création de la femme, comme à Auxerre, comme presque dans
tous les monuments. « Le Seigneur Dieu envoya à Adam un

1. 5059, Bibliothèque de l'arsenal.
2. 5056, Bibliothèque de l'arsenal, 10434 lat. Bibliothèque nationale. Je
n'ai rencontré dans les manuscrits que j'ai pu consulter que le 9001,
Bibliothèque de Bruxelles, qui présente les trois personnes égales.

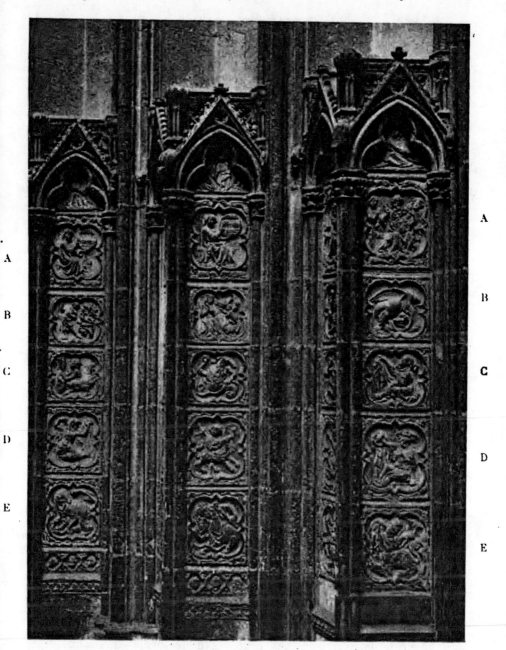

Fig. 54. — Portail des Libraires. Ensemble de trois piles (retour) du côté droit.

profond sommeil et, lorsqu'il était endormi, il tira une de ses côtes et mit de la chair à la place. Et le Seigneur Dieu forma la femme de la côte qu'il avait tirée d'Adam et l'amena à Adam ; alors Adam dit : Voilà maintenant l'os de mes os et la chair de ma chair » (*ibid.*, II, 21, 23).

Sur le disque est représentée une jolie figure d'Adam nu et la main droite du Créateur, s'étendant vers lui, extrait Eve de son côté.

A Auxerre, à Bourges, la création de la femme, traitée plus explicitement, ouvre la série des nus et annonce déjà ce que Ghiberti devait si définitivement réaliser à la porte du baptistère de Florence.

A 8 (fig. 57 et 48). « Le ciel et la terre furent donc achevés avec tous leurs ornements. Dieu termina le sixième jour tout l'ouvrage qu'il avait fait et il se reposa le septième jour.

Voici, avec le repos du créateur, le chef-d'œuvre de l'imagier, cette charmante figure du Christ représenté comme un homme dans toute la grâce et la force de la jeunesse, assis de pleine face, les bras levés, tenant le disque d'une main, la tête bouclée, un manteau agrafé sur la poitrine, puis écarté par le mouvement des bras, et alors tombant droit d'un côté, tandis que de l'autre il revient en biais sur les genoux avec un mouvement de plis ample et abondant. Cette belle composition n'a pas de similaire dans les types de la Création que nous avons énumérées ; le bon ouvrier de Laon qui se repose, lassé, sa journée faite, quelque touchant qu'il soit dans sa bonhomie, est très loin de cette majesté douce du Christ de Rouen.

A 9 (fig. 55). Par une dérogation au texte qui se retrouve presque partout où est représenté le cycle d'Adam, le

Seigneur est représenté introduisant Adam et Ève *à la fois* dans le Paradis.

C'est là un des motifs identiques à Rouen et à Lyon (identité absolue beaucoup moins fréquente qu'on ne le croit). Un Dieu, qui n'est pas extrêmement majestueux, tire par la main ses deux créatures étonnées : les nus ne sont pas impeccables, mais sont loin d'être ridicules, et la petite Ève, toute frissonnante et qu'on croirait blonde, a une expression véritablement charmante.

Dans les motifs précédents, tous les animaux que Noé reçut dans son arche : chats, chiens, lièvres, et même un cheval en miniature (écoinçons du bas), remplissent les coins des quatrefeuilles, mais ici (*A 9*) nous avons deux petites scènes des plus étonnantes : en haut, deux gamins, couchés tête-bêche, semblent se faire des niches et, dans le bas, un sanglier ou un simple cochon essaie d'attraper les pieds d'un garçonnet couché à plat ventre.

A 10 (fig. 57). « La femme considéra donc que le fruit de cet arbre était bon à manger, qu'il était beau et agréable à la vue et, en ayant pris, elle en mangea et en donna à son mari qui en mangea aussi » (*ibid.*, III, 6). Le péché d'Adam et Ève est représenté en action : chacun d'eux mord à belles dents dans le fruit défendu : l'arbre de la science du bien et du mal les sépare, autour duquel s'enlace un serpent à tête de femme. Le motif d'Auxerre est absolument semblable.

A 11 (fig. 55). « Et comme ils eurent entendu la voix du Seigneur Dieu qui se promenait dans le Paradis après midi, lorsque s'élève un vent doux, ils se retirèrent au milieu des arbres du Paradis pour se cacher de devant sa face. Alors le Seigneur Dieu appela Adam et lui dit : Où êtes-vous ? » (*Gen.*, III, 8, 9).

Adam et Ève, voilant tant bien que mal leur nudité, essaient
en vain de se cacher derrière un arbre qui les sépare du
Seigneur. Celui-ci est, cette fois, de proportions beaucoup
plus longues et plus élancées et qui rappellent le type
d'Auxerre de façon très sensible.

A *12* (fig. 58 et 63). Par une nouvelle interversion, nous
avons ici l'expulsion d'Adam et Ève hors du paradis
avant la remise des vêtements. « Le Seigneur Dieu le fit
sortir ensuite du jardin de délices afin qu'il allât travailler
à la culture de la terre dont il avait été tiré et, l'ayant
chassé, il mit des chérubins devant le jardin de délices,
qui faisaient étinceler une épée de feu pour garder le
chemin qui conduisait à l'arbre de vie. »

Si l'on veut se rendre un compte exact du chemin parcouru entre le style du portail sud et celui du portail nord,
il suffit de comparer à cet ange, d'ailleurs charmant et
comme bourguignon déjà ! [1] avec sa ronde tête bouclée, son
manteau d'étoffe lourde brodé au cou, l'ampleur de sa robe,
quelqu'un des anges qui figurent dans l'histoire de Jacob au
portail de la Calende. Le chérubin, sans colère, repousse
doucement de la main les deux petites créatures tombées,
mais touchantes dans leur naïve désolation. Le geste de la
main droite d'Ève ramenée sur sa poitrine est charmant.

A Lyon, cette scène est différente, et la porte du paradis
est représentée par un édifice [2].

A *13* (fig. 59). « Le Seigneur Dieu fit aussi à Adam et à sa
femme des habits de peaux dont il les revêtit » (*id.*, III, 21).

---

1. Ce petit ange vêtu d'une *chape* est extrêmement en avance sur son
temps. Voir Mâle, sur *L'Influence des Mystères sur le renouvellement de
l'art à la fin du XVe siècle*, *Gaz. B.-A.* 1er mai 1904.

2. *Loc. cit.*, portail central, pl. I, G. 3.

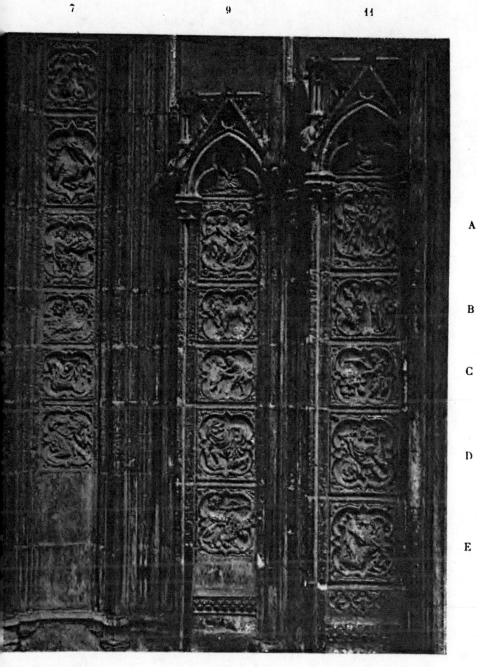

A

B

C

D

E

Fig. 55. — Portail des Libraires. Ensemble de trois piles (face; du côté droit.

Le Seigneur, un Seigneur du type familier cette fois, remet
à Adam un vêtement bien complet et bien caractérisé, avec
col, manches, etc., et lui fait don en même temps d'une
solide bêche. A Lyon, c'est un ange qui remet à Adam et
Ève les vêtements devenus nécessaires [1].

A 14 (fig. 58 et 52). Voici Adam et Ève aux prises avec
leur nouvelle vie. Adam bêche et Ève file. C'est là une
conception traditionnelle par excellence, mais qui manque
pourtant à Lyon et Auxerre [2].

A 15 (fig. 59). « Or Ève conçut et enfanta Caïn en disant :
Je possède un homme par la grâce de Dieu ; elle conçut
encore et enfanta Abel. »

Ce sujet de la première maternité, sans être rare, car les
vitraux et les manuscrits en offrent de nombreux exemples,
est cependant moins fréquent dans la sculpture que tout
autre de ce cycle d'Adam [3]. Ici Ève est étendue sur un lit
drapé, abrité par une sorte de pavillon tendu au-dessus de
sa tête, elle allaite son enfant, cependant qu'Adam tourne
la bouillie. M. Bégule a reproduit dans sa monographie de
la cathédrale de Lyon ce motif qu'il trouve charmant et qui
l'est en effet. Je ne puis m'empêcher cependant d'y critiquer
une composition assez lourde et manquant d'air et je ne
trouve pas que l'exécution soit ici à la hauteur de l'invention.
Un fait curieux à remarquer est que ce précieux et rare détail
d'Adam tournant la bouillie (rôle que devait plus tard
remplir saint Joseph dans tant de tableaux et de retables
allemands) se retrouve identique dans le vitrail de Tours

1. Portail central, pl. II, G. 3.
2. Elle se trouve à Chartres et à Reims.
3. Je ne le vois qu'à Reims.

consacré aux premiers livres de la *Genèse*[1]. On y trouve également la création indiquée sur des disques et Dieu donnant les vêtements. De plus l'ordre des scènes est exactement le même. Je reviendrai tout à l'heure sur ce rapprochement.

A 16 (fig. 58). Il y a ici un sujet tout à fait inédit et qu'il ne faut rattacher qu'avec prudence à l'histoire d'Adam et Ève quoique, quant à moi, je ne doute pas qu'il en fasse partie. C'est incontestablement, comme en fait foi la reproduction photographique prise par M. Enlart (dét. 56) sur le moulage du musée archéologique, une scène *d'étuve*, c'est-à-dire de *bain*.

Une femme, tenant un enfant dans les bras, est debout dans un cuveau et un serviteur ou une servante verse dans cette sorte de baignoire l'eau puisée dans une chaudière qui chauffe à côté (l'agencement de la scène du bain de l'Enfant prodigue à Auxerre est à peu près semblable). Or, mon attention a été attirée, par hasard, il y a quelque temps sur l'analyse d'un miracle de Notre-Dame, du XIVe siècle, intitulé « la Mère meurtrière de son enfant[2] ». Tout le drame y roule sur le malheur d'une pauvre femme qui, ayant pris un bain avec son nouveau-né, quelques jours après ses couches, s'endort de lassitude dans l'eau et y laisse tomber l'enfant qu'elle est ensuite accusée d'avoir noyé.

Ne serait-ce pas comme une allusion à cet usage « du bain de l'accouchée » que les sculpteurs de Rouen ont placé ici cette petite scène familière qui se rapporterait ainsi directement à l'épisode de la maternité d'Ève ?

1. Pl. XII des *Vitraux de Tours* (Bourassé et Marchand). Dans le ms. 166 français, Bibliothèque Nationale, Ève est bien dans son lit sous une sorte de tabernacle et Adam lui tient compagnie, mais les enfants sont adultes. Dans le vitrail de Lyon, Ève berce l'enfant tout en filant sa quenouille.

2. Clédat, *Théâtre du moyen âge*, Collection des classiques populaires de Lecène et Oudin.

A *17 et 18* (fig. 61 et 62). « Or Abel fut pasteur de brebis et Caïn s'appliqua à l'agriculture » (*Gen.*, IV, 2). Ces deux médaillons, dont le second paraît la répétition presque identique du motif du travail d'Adam et d'Eve (.1 *14*) sont en réalité, avec les deux suivants, A *19 et 20* (fig. 61 et 62), le commentaire de cette phrase de la *Genèse*. Nous y voyons d'abord Caïn bêcher la terre en compagnie de sa femme qui file, comme Eve, la quenouille (détail 52), puis, Abel pasteur, .1 *18*(fig. 62), c'est-à-dire assis un bâton à la main en face de sa femme (toujours une fileuse), qui tient, comme un sceptre, une branche d'arbre garnie de ses feuilles, tandis que des brebis paissent à leurs pieds ; puis ce sont les premières semailles (*19*, dét. p. 16), admirable morceau d'une grâce presque antique, avec ces deux jeunes hommes en robe courte, dont l'un tient le grain dans une étoffe drapée autour de sa taille et dont l'autre porte sur l'épaule la lourde corbeille où est la provision de semence et enfin (*20*, fig. 62) les premières récoltes, véritable petit paysage avec des arbres, une moisson et des gerbes déjà formées. Il y a là toute une broderie abondante sur un thème très succinct, et je crois pouvoir affirmer que nous avons là une nouvelle[1] trace très nette d'un modèle reproduit et amplifié et que ce modèle est le vitrail de Tours[2]. Voici sur quoi je me fonde. Dans le vitrail de Tours, seulement, nous rencontrons une tradition semblable, plus brièvement interprétée, il est vrai, mais deux scènes, celle où Abel garde les troupeaux (avec la place même occupée par les brebis dans le champ du médaillon) et celle où Caïn bêche (avec le même

1. Il en existe en effet une autre, au portail de la Calende, dans l'*Histoire du Mauvais Riche*. Voir plus haut.
2. Bourassé et Marchand, pl. XII.

mouvement de la femme passant sa quenouille derrière son dos), sont identiques. Or, le vitrail de Tours était donné par les *laboureurs*, dont la *signature* occupe tout le bas de la fenêtre avec quelques autres scènes de culture et on l'appelle vitrail « de la Genèse ou des travaux champêtres » parce que cette abondance de sujets de la vie rustique y a toujours été remarquée [1]. L'antériorité du vitrail de Tours étant, d'autre part, certaine, il est infiniment probable que cette abondance d'illustra-tions, que rien ne comman-dait à Rouen, provient de Tours, où elle était indiquée par la profession des dona-teurs du vitrail.

C'est peut-être déjà pour une raison analogue que nous avions vu dans l'histoire du mauvais riche la cons-truction d'un grenier qui, à Bourges, avait été suggérée par la signature des dona-teurs maçons. Cette petite remarque pourrait peut-être contribuer à éclairer certains faits iconographiques restés obscurs.

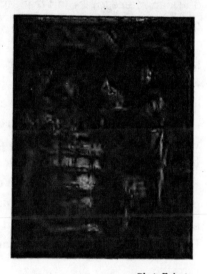

Phot. Enlart.

Fig. 56. — Portail des Libraires (détail). Le bain d'Eve.

A 21 (fig. 61). « Il arriva longtemps après que Caïn offrit au Seigneur des fruits de la terre. Abel aussi offrit des premiers-nés de son troupeau et ce qu'il avait de plus gras. et le Seigneur regarde favorablement Abel et ses présents

1. La verrière est intacte contrairement à ce qui se passe pour beaucoup d'autres vitraux de Tours.

mais il ne regarda point Caïn ni ce qu'il lui avait offert »
(*ibid.*, IV, 3-5). Sur l'autel du sacrifice, Caïn apporte une gerbe
et Abel un mouton : dans le ciel apparaît une main qui se
dirige vers le présent d'Abel.

A 22 (fig. 62). « Or Caïn dit à son frère Abel : Sortons
dehors, et, lorsqu'ils furent dans les champs, Caïn se jeta
sur son frère Abel et le tua » (*ibid.*, IV, 8).

Le meurtre d'Abel est représenté fort gauchement, mais
d'une manière tout à fait traditionnelle et c'est avec un hoyau
que Caïn tue son frère.

L'histoire s'arrête là au portail des Libraires ; les sculpteurs de Rouen n'ont pas, comme ceux d'Auxerre, de
Bourges, de Lyon, suivi Caïn jusqu'au meurtre légendaire
qui termine la vie du fratricide dans les récits rabbiniques
recueillis par la Glose ordinaire[1]. Ils n'ont pas non plus
retracé l'histoire de Noé si intéressante à suivre dans les
trois suites que je viens de citer.

Avant de passer à l'examen des sujets hétérogènes et dispersés sans ordre apparent, nous allons encore étudier deux
séries logiques qui se trouvent sur le pilier du trumeau de
la porte, appareillé comme les pilastres de l'ébrasement.

Au premier registre je crois voir le jugement de
Salomon. On connaît cet épisode du Livre des Rois si
fréquemment représenté dans l'iconographie chrétienne[2]
et qui figure une seconde fois au portail des Libraires
(avant-corps à gauche de la porte).

Deux motifs non reproduits représentent chacun une

---

1. Voir *Art religieux*, Mâle, p. 240.
2. Cf. *Album de Villard de Honnecourt*, publié par Lassus.

femme debout drapée : les deux mères probablement. Le
motif suivant (fig. 46, p. 142) montre une des mères
agenouillée devant Salomon. Le roi est assis, couronné et
sceptre en main, mais il n'est pas question là de ce trône
« supporté par des mains humaines » que le sculpteur
d'Amiens[1] avait naïvement tenté de représenter ; dans le
motif *A 4* (non reproduit) le garde de Salomon s'apprête à
couper en deux l'enfant, objet du litige. La mère véritable
implore la pitié du bourreau. Ces deux médaillons, comme
la plupart de ceux du trumeau, sont notoirement très
médiocres.

Au deuxième registre se trouve une représentation
fragmentaire et très inférieure des « arts libéraux ».
On sait l'importance de ce sujet dans l'iconographie des cathédrales[2]. Une étude détaillée en serait ici tout à fait hors de
proportion avec l'intérêt très restreint de ces quatre figures.

Le premier motif (non reproduit) est l'Astronomie ou la
Géométrie sous la forme d'une femme assise tenant à la
main une sphère sur laquelle figure un trait brisé, comme
à Sens.

Le suivant (*B 2*, fig. 46) est la Musique : femme frappant
avec un marteau sur les cloches d'un « tintinnabulum ». Les
représentations ainsi conçues de la Musique sont innombrables. Il suffit de dire que, dans tous les psautiers illus-
trés, cette vignette figure en marge du psaume : « *Exul-
tate Deo Jacob.* »

Cette femme qui contemple le ciel (*B 3*, non reproduit)

---

1. Voir Durand, *Monographie de la Cathédrale d'Amiens*, Amiens, 1901,
pl. XLI, n° 39.
2. Chartres, portail vieux, baie de droite, voussures. Sens, soubassement porte centrale, façade occidentale. Laon, voussure de la fenêtre
droite. Auxerre, au soubassement porte de droite, façade occidentale.

est-elle la Philosophie ? Ne serait-ce pas plutôt l'Astronomie que nous avons cru déjà reconnaître ; la première
figure (non reproduite), dans ce cas, devant être nommée
la Géométrie. Les attributs de ces deux sciences sont presque
identiques. Quatrième motif (non reproduit). La Grammaire
apparaît ici sous la forme maussade accoutumée d'une
femme tenant une férule et menaçant un enfant [1]. Il est
curieux que cette personnification, plutôt revêche, de la
science tant estimée par le moyen âge et qui était censée con-
tenir toutes les autres soit celle qui ait survécu. On rencontre partout la *Grammaire* avec cette allure de mégère
tenant en main le « *Medicamen acerrimum*[2] . »

Continuant l'examen rapide des médaillons si dégradés
de ce trumeau nous y remarquons au passage, dans les parties qui n'ont pu être reproduites, une figure assez énigmatique [3] qui existe aussi à Lyon et à Strasbourg[4], celle
d'une femme sortant de l'échine d'un monstre. Le sens de
ce motif que nous avons déjà deux fois rencontré —
pinacle du côté droit du portail de la Calende et quatrefeuilles de la pile qui limite l'ébrasement gauche (au même
portail) — m'a d'abord été indiqué par une miniature du
manuscrit de la *Légende dorée*[5] où elle figure dans la
marge de l'histoire de sainte Marguerite. Mais j'avais
remarqué que le texte de la *Légende dorée* ne contenait
aucun détail qui expliquât comment sainte Marguerite

1. Martianus Capella. Le poète normand Henri d'Andeli (*Bataille des sept
arts*) l'accuse d'avoir « plus d'angles qu'il n'est en logique de jangles ».
2. Figure aussi dans les stalles de la cathédrale. Langlois, *loc. cit.*, n° 45.
3. Gravée par Adeline. *Sculptures grotesque et symboliques.*
4. Lyon, Port. cent., Pl. IV, G 5. Strasbourg, base tour nord. Dacheux,
Cathédrale de Strasbourg, Strasbourg, 1900, figure.
5. Bruxelles 9225, f° 88, et Bibliothèque Nationale, 185, f° 87.

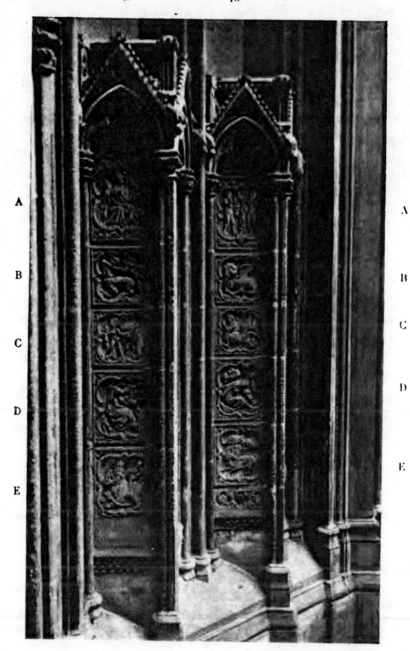

Fig. 57. — Portail des Libraires. Ensemble de deux piles (retour)
du côté droit.

était représentée *sortant* d'un monstre au lieu de le fouler aux
pieds. Poursuivant mon enquête j'avais constaté que, dans
un grand nombre de sculptures, une sainte est figurée de
cette manière, notamment sur le retable d'Aix [1], sur le tombeau de Nantes [2], sur deux ivoires de la collection Wasset,
actuellement au Musée de Cluny. J'ai eu, récemment, le
mot de l'énigme dans un excellent travail où M. Joly [3],
Bulletin de la Société des Antiquaires de Normandie,
t. XXX, publiait un texte légendaire, repoussé comme
trop fantaisiste par Jacques de Voragine et d'après
lequel la petite sainte Marguerite, ayant été engloutie par
le dragon, sortit vivante de son corps déchiré par la vertu
de la croix qu'elle portait sur elle. Il est vraiment curieux
que les miniateurs aient illustré, de la représentation de
cette légende, le texte même de Jacques de Voragine qui
la laissait dans l'ombre [4] !

Parmi les motifs encore lisibles, je reconnais toujours
sur la face 1 une femme pliant sous le poids d'une hotte,
sur la face 2 (Fig. 46) en dessous de la Musique un centaure
drapé, puis une très belle silhouette d'archer à tête d'oiseau
tendant son arc dans un mouvement superbe.

Sur la face 3, en dessous de la Philosophie ou de l'Astronomie, c'est un ménestrel faisant danser un enfant, puis un
morceau dont j'ai pu avoir un beau détail (fig. 64) et qui
mérite un examen attentif. Que signifie ce joli groupe d'un

---

1. Moulage au musée du Trocadéro.
2. *Ibid.*
3. M. Joly (*Recueil cité*, t. XI, 1882) avait d'ailleurs déjà identifié la
figure de Rouen.
4. La figure d'Aix est une sainte Marthe et rien, que je sache, dans
la légende de cette sainte, n'autorise à la représenter de la sorte. Il a dû
se faire dans l'iconographie une confusion de deux thèmes.

ange entourant de ses bras le corps d'un adolescent et dra-
pant sur lui le pli d'une étoffe ? Est-ce un Tobie avec
Raphaël ? aucun exemple ne nous autorise à cette interprétation. Ce n'est pas davantage une lutte de Jacob avec l'ange.
Il n'y a aucun sentiment d'effort dans cette tranquille et
sereine composition. Comme il arrive si souvent, en iconographie, c'est à un autre monument où le même sujet
figure dans un ensemble qui l'explique, que nous devons
demander le sens de celui-ci. M. Bertaux a cité et reproduit, d'après une photographie de M. Sanoner (*Histoire de
l'art*, sous la direction d'André Michel, t. II, p. 283), un
tympan de porte de la cathédrale de Léon, Espagne,
tympan consacré au Jugement dernier, et où se voit le
groupe d'un ange, enveloppant de sa chape un jeune
homme nu qui vient de ressusciter. C'est encore là un des
motifs détachés qui devaient figurer dans l'album idéal
dont je supposais tout à l'heure l'existence. Ce morceau est
d'ailleurs, des plus beaux. Il y a, dans la ligne générale
de ces deux corps élancés, dans le jet des draperies,
dans le beau mouvement des ailes de l'ange, un sentiment
très noble et très pur et d'un idéalisme serein qui dépasse
l'expression habituelle de tous ces petits bas-reliefs[1]. Les
têtes sont, par malheur, odieusement mutilées.

La face 4 du trumeau n'offre plus à peu près aucun
motif qu'on puisse identifier.

Les pinacles non plus ne présentent pas d'intérêt particulier.

---

1. Deux critiques délicats (et qui ne s'étaient pas entendus) ont été
frappés, en voyant ce morceau pour la première fois sur ma reproduction
photographique, de sa parenté d'inspiration et de sentiment avec le célèbre
tableau : *L'amour et la vie* de Watts. Inutile de dire qu'il ne peut être
question ici que d'une coïncidence et d'une parenté spirituelle.

Quant aux écoinçons, ils sont dans tout le trumeau, comme en témoigne notre fig. 46, beaucoup moins nerveux et fins que dans les piles de l'ébrasement.

Aucun ordre logique ne pouvant plus être suivi désormais, il est inutile de fatiguer le lecteur par de continuels voyages d'une figure à l'autre. Nous allons donc épuiser successivement chaque page de nos reproductions en donnant de tous les motifs une très brève description qui complète la photographie, et nous arrêtant seulement sur les types les plus importants ou ceux dont on peut essayer de retracer les origines.

2. — LES SUJETS FANTAISISTES

PILE 1.

B 1 (fig. 53). Une femme, joliment drapée, assise sur un lion dont elle tient la crinière de la main droite, tandis que, de la gauche, elle brandit un fouet[1]. Un type de même genre existe à Lyon[2] et la femme y déchire la mâchoire du lion comme Samson. M. Bégule pensait voir là une personnification de la force chrétienne, et je trouve cette attribution confirmée par une miniature du Bréviaire de Belleville[3] (f⁰ 32) qui représente, en face de Samson trahi par Dalila, une femme debout sur un lion avec cette devise :

1. Reproduit sur les stalles (*Stalles de la cathédrale de Rouen*, Langlois, Rouen, 1838, Fig. 66, et gravé par Adeline (*Sculptures grotesques et symboliques*, Rouen, 1879, p. 171).
2. Porte gauche, Pl. III, A. 2.
3. Ms. 10484 lat. Bibliothèque nationale.

Fortitudo mea et laus mea. Qu'il soit seulement bien entendu, lorsque je fais un rapprochement de ce genre, que je n'entends pas dire par là même que le sculpteur de Rouen ait eu, pour le choix de tel ou tel motif, une raison nettement symbolique, mais seulement comment a pu naître tel motif et ce qu'il a signifié à l'origine.

(*C 1*, fig. 53). Très gracieuse imagination d'une femme à corps d'oiseau agitant une draperie [1].

Nous allons voir beaucoup de ces femmes oiseaux et il convient de rappeler que ce furent probablement des sirènes. La sirène est un des types d'animalité fabuleuse qui peuvent invoquer le plus long et le plus beau passé dans la littérature et dans l'art. N'y a-t-il pas communauté d'origine entre ce type et celui de la harpie et un même lien ne les a-t-il pas rattachées à la religion funéraire des Grecs ? Ce sont là de ces questions, intéressantes entre toutes, qui touchent à la constitution même des formes iconographiques, mais que le défaut absolu de compétence m'interdit de traiter ici. Plus abordable et plus généralement connue est la sirène d'Homère, la tentatrice qui, par ses chants, mène à leur perte les infortunés navigateurs et il faut ici se souvenir que M. Bérard [2], ne trouvant aucune racine de langue grecque qui explique ce mot, a proposé deux racines hébraïques dont l'ensemble équivaut à *enchaînement par le chant*. Remarquons encore que l'antiquité a vu la sirène sous la forme d'un oiseau à tête de femme ; la sirène-poisson serait, de l'avis des plus graves commentateurs [3], une corruption vulgaire du type. Il

1. Gravé Adeline (*loc. cit*), p. 171.
2. Bérard, *Les Phéniciens et l'Odyssée*, t. II, Paris, 1904, 4°, 99.
3. Samuel Bochart, cité par Berger de Xivrey (*loc. cit.*). Isidore de Séville, citant Servius, ne connaît aussi que la sirène-oiseau (id.).

n'est peut-être pas d'exemple plus significatif et plus
amusant à la fois de la sirène-oiseau, que celui du vase grec
du Britisth Museum [1], qui nous montre les sirènes, volant au-
dessus du vaisseau sur lequel Ulysse s'est fait lier au grand
mât. Les *Bestiaires* font de louables efforts pour concilier
les deux formes : « III manières de seraines sont, dit
Pierre le Picard, dont II sont moitié feme moitié poisson ;
et l'autre moitié feme, moitié oiseox. Et chantent totes III,
les unes en buisines, les autres en harpes et les autres en
droite vois... Les seraines senefient les femes qui atraient
les homes par lor blandissement et par lor déchèvements à
eles et lors paroles que eles les mainent à poverté et à mort.
Les èles de la seraine, c'est l'amor de la feme qui tost va et
vient ». Au fond, c'est bien là le symbolisme qui a prévalu
dans tout l'art du moyen âge ; je n'en veux pour preuve
que le témoignage des manuscrits et, entre autres, de
l'*Ovide* de Rouen déjà cité, où la figure de la sirène intervient
couramment pour préciser le sens des scènes où les passions
de l'amour sont en jeu. Nommer les monuments chrétiens
où figure la sirène depuis la forme inorganique et gauche
du chapiteau de Saint-Dié [2] jusqu'à la souple petite créature
qui se tord aux pieds de quelques-unes des plus charmantes
vierges du xiiie et du xive siècle (Vierge d'ivoire de la collection Oppenheim, Vierge de marbre du Louvre, n° 99, par
exemple) serait une énumération impossible ou fastidieuse.
Mais ici, comme à Lyon, les sirènes sont d'aimables et
gracieuse petites personnes, portant avec aisance leur
double ou triple individualité : tantôt oiseau, tantôt poisson

---

1. Salomon Reinach, *Répertoire des vases peints*, t. I, p. 65.

2. Moulage au musée du Trocadéro, n° 231.

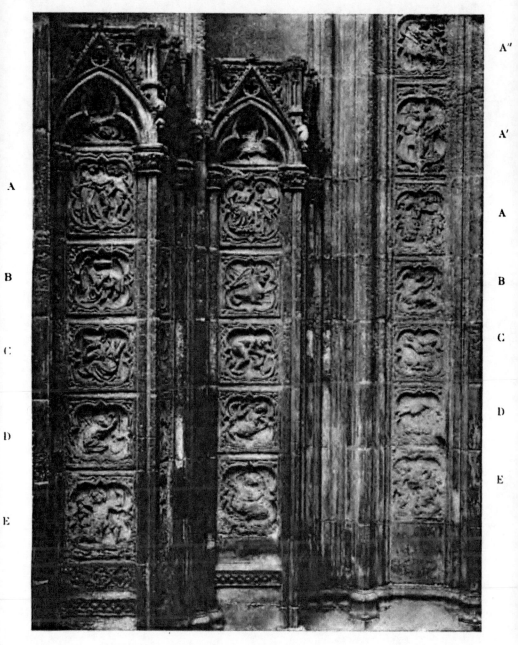

Fig. 58. — Portail des Libraires. Ensemble de trois piles face, du côté gauche.

ou reptile, ou le tout ensemble, et n'ayant pas l'air de se souvenir du long passé de symbolisme qui expire avec elles.

D 1 (fig. 53). Homme à queue de bœuf et bec d'oiseau, le haut du corps drapé et encapuchonné, tenant un fouet à la main[1]. Rien n'est plus bizarre et plus déconcertant que cette évocation d'un être humain flottant aux confins de l'animalité et où l'on ne sait des deux caractères lequel est dominant.

E 1 (fig. 53). Même impression dans le motif suivant et plus forte encore peut-être. Composé d'homme et de cheval avec des bottes aux pieds et une tête barbue encapuchonnée et narquoise[2].

Au-dessous de ce médaillon se trouvent encore trois plus petits quadrilobes avec leur motif sculpté et leurs écoinçons, le tout ici usé et méconnaissable. Au pinacle de cette pile (fig. 53), une jolie figure drapée tenant un bâton.

PILE 3.

B 3 (fig. 53). Charmant personnage en robe courte en train d'occire un terrible dragon, auquel il enfonce un épieu dans la gueule. Ce peut être ou avoir été très plausiblement un saint Georges ou un saint Michel mais la lutte d'un homme contre un dragon, cela se conçoit aisément grâce à l'entrelacement de lignes que ce sujet comporte, est un thème favori des sculpteurs décorateurs[3] et des miniaturistes.

C 3 (fig. 53). Est-ce ici la sirène de Philippe de Thaun à corps de femme, ailes d'oiseau et queue de serpent? Je ne

1. Gravé Adeline, p. 323.
2. Gravé Adeline, p. 331.
3. Lyon. Porte droite. *Loc. cit.*, Pl. III, G 3, Pl. I, A 2 et quatre autres motifs.

sais, mais c'est une souple et délicate arabesque, du faire le plus nerveux et le plus fin, avec une draperie à *volutes* très caractérisée [1].

D 3 (fig. 53). Figure composée de bœuf et d'homme, coiffée d'ailes [2], drapée sur le haut du corps et jouant de la flûte et du cymbalum. Il est amusant de remarquer que cet appendice ailé disposé en forme de chapeau se trouve sur la tête des Philistins dans les miniatures du psautier de saint Louis[3] et généralement sur celles de tous les bourreaux des martyrs dans les manuscrits. Or le bourreau, au moyen âge, ou le *Sarrasin*, c'était tout un. Quant aux caricatures de musiciens, elles sont innombrables dans le répertoire comique du moyen âge et Wright [4] pense que ce sont les ménestrels qui étaient visés dans ces images.

E 3 (fig. 53). Tête barbue encapuchonnée, corps ailé, pattes de lion, queue de dragon, le tout très vivant et spirituel [5]. On sait que le capuchon au moyen âge ne désignait pas nécessairement les moines [6].

La frise du bas de cette pile est tout à fait indéchiffrable, ainsi que celle de la pile 1.

Dans le pinacle, sorte de dragon ailé à tête de lièvre.

PILE 5.

B 5 (fig. 53) [7]. Cet homme barbu et encapuchonné aussi, à corps de lion et queue de reptile tient en main deux objets :

1. Gravé Adeline. Stalles, n° 56.
2. Gravé Adeline, p. 363.
3. 10525. Bibliothèque nationale. Cf. Martyre de Saint-Étienne, porte S. de Notre-Dame de Paris.
4. *Histoire de la caricature*, p. 182 et suivantes.
5. Gravé Adeline, p. 274.
6. Viollet-le-Duc, *Dictionnaire du costume* au mot : *capuchon*.
7. Gravé Adeline.

un bâton recourbé et un pain, qui sont les accessoires obligés du *fou* dans l'iconographie du moyen âge. M. Mâle a retracé l'histoire de ce type traditionnel [1]. Le fou sous la forme d'un homme déguenillé mangeant une pierre et tenant une sorte de houlette qui est devenue la « marotte », figure comme illustration obligée dans les Psautiers en marge du : « *Dixit insipiens in corde suo* » [2].

C 5 (fig. 53). Homme demi-nu, le haut du corps drapé, tenant à la main un miroir.

D 5 (fig. 53). Ceci est encore, je pense, une caricature du *Sarrasin*. On reconnaît un souvenir de turban dans la draperie qui coiffe la tête de cette sorte de Centaure [3] et il y a comme un essai de couleur locale, une recherche du type, dans ce visage glabre, aux oreilles écartées. Le personnage tient à la main gauche un bouclier conique de forme spéciale et agite une fronde de la main droite. Non moins que les ménestrels et incomparablement plus que les moines, les hommes d'armes ont été la proie des caricaturistes du xiiie siècle. Les grotesques, munis d'armes offensives ou défensives, remplissent les marges des manuscrits [4].

E 5 (fig. 53). Beau sagittaire drapé à queue de dragon [5]. Au pinacle, figure drapée sans caractère précis.

Pile 2.

B 2 (fig. 54). Ce médaillon, qui se trouve à côté de la femme chevauchant le lion et symbolisant ainsi la Force, représente

1. *Loc. cit.*, p. 149.
2. Une figure presque semblable existe encore à Strasbourg., *loc. cit.* Voir Mss. Arsenal. 279, 280, 193, 5056, 5059, Nat. lat. 10434, 1077.
3. *Stalles*, no 32, et gravé Adeline p. 167.
4. Lyon, Pl. I, Porte gauche, C 3, personnage avec bouclier.
5. Gravé Adeline, p. 359.

la Peur sous la forme traditionnelle qu'elle prend dans les séries de Vices et de Vertus familières à l'iconographie du moyen-âge. C'est un jeune homme prenant la fuite devant un buisson d'où sort un lièvre [1]. L'interprétation est ici presque calquée sur le médaillon d'Amiens ; à Lyon (portail gauche. Pl. I, *C 4*, de la Monographie), c'est devant un limaçon que notre foudre de guerre prend la fuite [2].

C 2 (fig. 54). Sirène, oiseau [3] avec la rame qui sert d'emblème à la Mer à la cathédrale de Sens (médaillon du portail central) et à Paris, et tenant en outre une sorte de bouclier.

D 2 (fig. 54). Sirène plus typique à queue de poisson munie du peigne et du miroir [4]. Quelle est l'origine iconographique de ces deux attributs ? je n'ai pu la découvrir dans les divers auteurs qui ont étudié ce type fabuleux cher aux Bestiaires. Il est probable qu'il y a là simplement une identification de la sirène avec la coquetterie féminine à laquelle le peigne et le miroir ont toujours servi d'emblème.

E 2 (fig. 54). Rébus extraordinaire d'une tête féminine drapé sur un corps dont la peau se plisse comme un vêtement souple et qui est muni d'ailes courtes. Ce personnage marche à quatre pattes et tient de la main droite sa queue de poisson terminée par une tête [5]. A regarder de près cette bizarre élucubration, il me semble y voir le souvenir d'un de ces déguisements animaux qu'affectionnait particulièrement

---

1. Cathédrale de Paris (rose du transept et médaillon du portail central). Chartres, Reims, Lyon (médaillon portail droit), Pl. IV, C 1, et portail gauche, Pl. I, G. 4.
2. M. Mâle a trouvé cette variante dans le texte de la Somme-le-Roi (*loc. cit.*, p. 152).
3. Gravé Adeline, p. 159, et *Stalles*, n° 68.
4. Gravé Adeline, p. 223.
5. Gravé Adeline, p. 283, et *Stalles*, n° 21.

le moyen âge et qui se sont perpétués jusqu'à nos jours dans des fêtes populaires comme celle de la Tarasque à Avignon ou du « Doudou » (dragon) à Mons en Hainaut : nous avons là une femme revêtue d'une sorte de *housse* imitant une carapace d'animal et la manière dont la manche de ce vêtement se relève sur le bras indique bien qu'il y a là déguisement et non cette fois composition monstrueuse.

La petite frise du bas représentant trois têtes est illisible.

Au pinacle de cette pile est sculpté un enfant de chœur tenant un livre.

PILE 4.

B 4 (fig. 54 et 60). Que peut signifier cette figure de femme gracieusement drapée, un genou en terre, faisant un geste d'effroi et découvrant, en levant son voile, un petit enfant nu, posé en équilibre sur sa jambe repliée ? Il est bien difficile de croire qu'il n'y ait pas là, soit illustration d'un texte, soit souvenir d'une telle illustration. Ce motif a dû paraître fort joli aux hommes du moyen âge, car il a été repris au xve siècle pour les stalles de la Cathédrale[1] et, vers la même époque, pour un des pinacles du soubassement du portail sud de l'église de Saint-Ouen à Rouen, soubassement dont l'ordonnance est calquée sur des soubassements de la cathédrale. A tout hasard je risque une hypothèse : cet enfant, de sexe mâle, grimpant sur la jambe d'une femme voilée et qui semble s'enfuir, ne serait-ce pas peut-être *le Jour* et *la Nuit*[2] ? Je conviens que ce

1. *Stalles de la cathédrale*, fig. 74. Et gravé Adeline, p. 179.
2. Sur le symbolisme du Jour et de la Nuit, v. *Annales archéologiques*, t. IX, article de Didron.

serait là un symbolisme très insolite et très exceptionnel dans l'art du moyen âge mais est-il tout à fait invraisemblable ?

C 4 (fig. 54). Variante sur le thème du fou. Monstre coiffé d'une sorte de bonnet à cornes, un bâton recourbé à la main [1].

D 4 (fig. 54). Torse de femme sur un corps de lion : draperies et ailes membraneuses de chauve-souris, la tête porte la coiffure classique du XIVe siècle, avec les cheveux en deux masses bouffantes sur les oreilles. C'est une charmante sorte de sirène. Quelque chose d'analogue comme disposition d'ailes existe à Lyon [2].

E 4 (fig. 54). Encore une variante de fou à corps animal, celle-ci particulièrement grasse et large d'exécution avec cette barbe et ces cheveux épars et ruisselants.

Au pinacle (fig. 60) une figure drapée d'un caractère étonnant, faisant *le gros dos* et laissant tomber autour d'elle des plis d'étoffe ruisselant en cascade. Un chat placé à côté d'elle semble l'imiter en faisant aussi le gros dos.

PILE 6.

B 6 (fig. 54). Dans ce dragon ailé dont la croupe se recourbe en replis tortueux, inutile de chercher aucun symbolisme, rappelons seulement que le dragon et le griffon, tous deux plus ou moins combinés de quadrupède et d'oiseau, ou d'oiseau et de reptile, figurent dans le fonds commun des plus anciennes traditions de zoologie fabuleuse. Sous le nom de « serpent d'Ynde », les ency-

1. Gravé Adeline.
2. Adeline, p. 379, Lyon, Portail droit, pl. II, B. 2 (*loc. cit.*).

clopédies du moyen âge sont unanimes à représenter une sorte de lézard ailé.

Un griffon figure dans les petits bas-reliefs du soubassement de Sens et M. Mâle y voit le « gardien des trésors de l'Inde ».

C 6 (fig. 54). Personnage assis, drapé, encapuchonné, appuyant la main droite sur un bâton.

D 6(fig. 54). Je ne puis arriver à identifier l'objet en forme de bouclier (?) que porte à la main cet homme demi-nu drapé d'un manteau lâche et armé en outre d'une sorte de marteau de forgeron ou de tailleur de pierres [1].

E 6 (fig. 54). Beau centaure — lion armé d'une torche. Au pinacle une femme tenant un sac de toile.

PILE 7.

La pile 7 (fig. 55) est celle qui se continue jusqu'à la rencontre de l'archivolte du portail.

Dans la partie supérieure, qui n'a pu être photographiée, sont différentes variétés de dragons et de lutteurs. La lutte est encore un sujet très cher aux artistes décorateurs du moyen âge. L'album de Villard de Honnecourt en donne un exemple fameux. A Lyon, les scènes de lutte sont nombreuses ; à Strasbourg, il en existe aussi une ou deux et il est probable que la source ou une des sources de ces représentations est dans les ivoires de diptyques consulaires.

Le *A' 7* (fig. 55), très fin, présente deux petits personnages dont un se termine en queue de dragon.

Le *A" 7*, plus intéressant, est un magnifique pélican, rendu fantastique, lui aussi, par l'adjonction d'oreilles d'âne et

1. Gravé Adeline, p. 326.

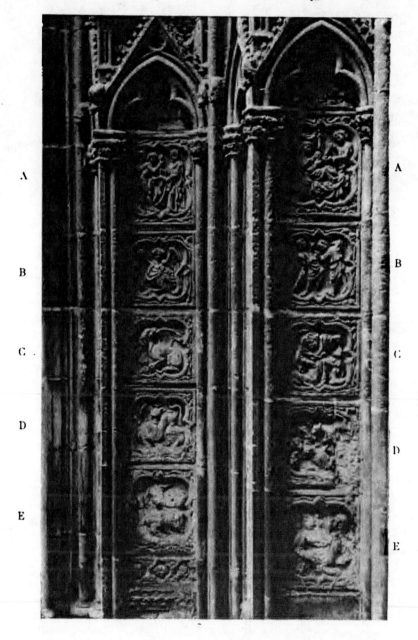

Cliché de la *Revue archéologique.*

Fig. 59. — Portail des libraires. Ensemble des deux piles (retour
du côté gauche.

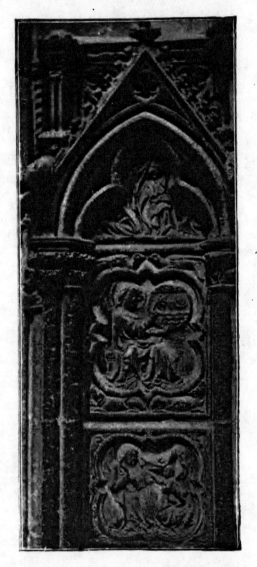

Cliché de la *Revue d'art.*

Fig. 60. — Portail des Libraires (détail).

d'une queue de reptile, mais qui a une belle allure décorative.

Dans les écoinçons figurent deux minuscules sangliers d'une vérité étonnante.

Plus bas, c'est la création d'Ève faisant partie de la série que nous avons déjà analysée.

B 7 (fig. 55). Oh! la spirituelle et narquoise physionomie que celle de cet oiseau à tête de femme encapuchonnée négligemment d'une fanchon comme telle séduisante figure du xviiie siècle! Un bouquet de feuillage équilibre joliment la composition sur la gauche. Le même motif, variante nouvelle sur le thème de la sirène ou de la harpie, se trouve dans l'illustration des manuscrits (notamment nº 9001, fº 177, Bibliothèque de Bruxelles), mais l'interprétation de notre sculpteur est d'un style bien supérieur.

C 7 (fig. 55). Sorte de cynocéphale à queue de reptile, au torse largement drapé. Je parlerai de ce type de zoologie fabuleuse à propos d'un autre médaillon plus caractéristique [1].

D 7 (fig. 55). Homme à tête d'âne couvert du capuchon et qui se contourne du mieux qu'il peut pour occuper tout le champ du quatrefeuilles [2].

PILE 9.

B 9 (fig. 55). Très jolie petite figure de lion se léchant la patte droite. Ce n'est certes pas ici le moment d'exposer le symbolisme du lion qui trouvera plus justement sa place un peu plus loin. Remarquons seulement, en examinant les nombreux types de lions que nous offrent les petits basrelief de Rouen, quel progrès avait fait l'étude de cet ani-

1. Gravé Adeline, p. 247, Lyon, portail droit, pl. II, B 6 et C 6.
2. Gravé Adeline, p. 250.

mal depuis que Villard de Honnecourt se montrait si fier de le pourtraicturer « al vif » [1].

C 9 (fig. 55). « Lorsque votre serviteur, dit David à Saül, menait paître le troupeau de son père, il venait quelquefois un lion ou un ours qui emportait un bélier du milieu du troupeau : alors je courais après eux, je les battais, je leur arrachais le bélier d'entre les dents et lorsqu'ils se jetaient sur moi, je les prenais à la gorge, je les étranglais et je les tuais » (*Rois*, xvii, 35). Ce pourrait être ici le dernier acte de la lutte quand il n'est plus question du bélier [2]. Que si l'on m'objecte que ce pourrait être tout simplement jeu de bateleur, je n'y contredirai pas non plus [3].

D 9 (fig. 55). Cynocéphale librement drapé, se tenant le pied de la main droite.

E 9 (fig. 55). Je ne sais pourquoi ce dernier motif, tout fruste qu'il soit, me paraît respirer un parfum de mythologie païenne ; mais dans l'état où est réduit ce personnage chevauchant un griffon, toute conjecture positive serait hasardée [4].

Au pinacle, figure drapée tenant un phylactère.

PILE 11.

B 11 (fig. 55). J'avais toujours soupçonné que ce motif qui montre, en face d'une femme habilement drapée, un homme maîtrisant un lion, était la représentation de

---

1. Villard de Honnecourt, *Album*, p. 179, pl. XLVI.
2. C'est aussi l'opinion de M. Joly, *Antiq. Normandie*, t. XI, 1882.
3. Gravé Adeline, p. 199.
4. Gravé Adeline, p. 183, et très abîmé depuis. Comparer médaille de Térina, *ap.* Lenormant, *Monnaies et médailles* (Bibliothèque Enseignement des Beaux-Arts).

Samson avec la Philistine [1]. Deux miniatures de manuscrits [2] sont venues confirmer cette interprétation. L'attitude de Samson y est presque identique, et, dans les deux minia-tures, la femme infidèle est habillée avec une recherche d'élégance qui se traduit ici par une sorte de peplum presque tanagréen. Inutile d'insister sur la prodigieuse popularité du type de Samson dans l'iconographie chré-tienne. Notons seulement, sur ce détail qui nous occupe, le curieux symbolisme de saint Augustin (cité par le P. Cahier, *Vitraux de Bourges*). « Samson tuant le lion qui l'empêche d'arriver à la fille infidèle, c'est la synagogue irritée du salut offert à d'autres. »

C 11 (fig. 55). Cette fois, nous voici incontestablement en présence d'un simple jongleur faisant danser un singe, morceau très alerte et de meilleur aloi [3].

D 11 (fig. 55). Homme à tête de veau ou de mouton, tenant en main une hache [4].

E 11 (fig. 55). Ce bouc, agitant une clochette [5], jouit d'une grande popularité parmi les touristes et visiteurs de Rouen. Les guides ne manquent jamais de le faire remarquer, et le fait est que c'est une fort spirituelle et jolie silhouette. Dans la frise, sont trois petites figures qui passent à Rouen pour représenter la fable de *l'Huître et les Plaideurs*.

Au pinacle, homme tenant un livre et une sorte de règle.

1. L'esprit du Seigneur s'étant saisi de Samson, il déchira le lion comme il aurait fait d'un chevreau et le mit en pièces sans avoir rien du tout dans la main... Il alla ensuite parler à la femme qui lui avait plu », *Samson* XIV, 7. Gravé Adeline, p. 195.
2. Manuscrit 9001 (f° 173) et 9541 (f° 22), Bibliothèque de Bruxelles
3. Gravé Adeline, p. 187.
4. Gravé Adeline, p. 287.
5. Gravé Adeline, p. 239.

PILE 8.

B 8 (fig. 57 et 48). Centaure sagittaire bien caractérisé et formant, avec un bouquet d'arbres sur lequel il semble décocher sa flèche, un ensemble très harmonieusement pondéré. Le centaure, hippocentaure ou onocentaure, est peut-être, de tous les animaux mythiques, celui qui partage, avec la sirène, le privilège des plus lointaines origines. Homère le nomme, ainsi que la Vulgate [1], traduisant un équivalent hébreu. Le même saint Jérôme parle d'un hippocentaure qu'aurait rencontré saint Antoine en allant voir saint Paul ermite, et qui aurait été une incarnation du démon. Il ne faut pas s'étonner si le centaure passe ensuite dans la littérature des bestiaires et dans l'art, et si les docteurs l'enrichissent d'un symbolisme touffu. Le P. Cahier, résumant tous les commentaires, s'exprime ainsi [2]. « Le centaure, c'est la fougue des sens, la présomption de la force, l'impétuosité des vils penchants, l'orgueil du siècle, l'obstination de la révolte, la violence aveugle, l'enivrement des désirs mauvais. » Voilà qui explique surabondamment la présence du centaure dans tant de monuments chrétiens, romans et gothiques. Les sculpteurs du portail des Libraires exécutent d'ailleurs, sur ce motif comme sur celui de la sirène, des variations infiniment fantaisistes, dans lesquelles le symbolisme, qu'il a certainement contenu aux origines de l'art chrétien, va s'évaporant et se dissipant tout à fait [3].

---

1. *Isaïe* (XXXIV, 14).
2. *Vitraux de Bourges.*
3. A l'époque qui nous occupe il y a un sagittaire à Lyon, *loc cit.*, Port. droit, pl. IV, A 2. et un à Strasbourg.

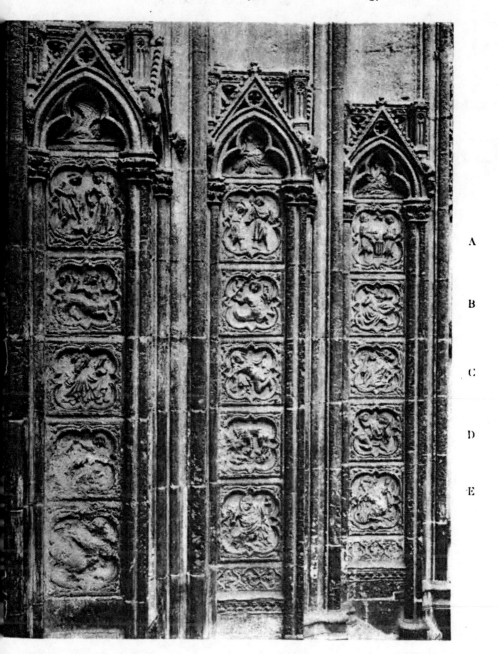

A

B

C

D

E

Fig. 61. — Portail des Libraires. Ensemble des trois piles face du côté gauche.

C 8 (fig. 57. et 48). Impossible de douter que ce personnage
nu, une peau de lion pliée sur le dos et la tête, et luttant avec
un lion dressé sur ses pattes de derrière, soit un Hercule
bien caractérisé. Que des réminiscences de mythes païens
hantant, comme un songe confus, la conscience du moyen
âge, se soient fait jour çà et là dans les monuments
figurés, c'est ce que prouve suffisamment la vasque de Saint-
Denys conservée dans la cour de l'École des Beaux-Arts à
Paris ; un moment d'attention suffit cependant pour constater que nous n'avons pas affaire ici à la copie littérale de
quelque modèle antique : c'est la lance ou l'épieu d'un chevalier Saint-Georges que ce gracieux Hercule enfant dirige
contre son adversaire. Une intaille telle que celles qu'on réem-
ployait comme sceaux au moyen âge [1] ou un camée peut bien
avoir servi de point de départ, mais la liberté de facture,
l'aisance souple et comme malicieuse de ce petit morceau,
sont une surprise même pour qui sait toute la fécondité de
ressources et la variété de cette période de l'art gothique.
C'est à quelque Éros juvénile et mutin de Tanagra qu'il
ferait penser ! Le type d'Hercule se retrouve aussi à la
même époque à Strasbourg ; il se retrouve à Auxerre
(fig. 66) et cette fois avec une beauté particulière de forme
et de modelé. Il n'est donc pas besoin, pour expliquer sa
présence sur les chaires de Pise ou au campanile de Florence (fig. 69) d'invoquer une première manifestation de
l'esprit de la Renaissance et Springer a négligé là un
argument précieux pour sa thèse de la survivance de l'antiquité dans le moyen âge [2].

1. Springer, *Das Nachleben der Antike im Mittelalter* dans *Bilder aus
der neueen Kunstgeschichte*, Bonn, 1886, 8°.
2. Il y a dans l'album déjà plusieurs fois cité de Villard de Honnecourt
trois dessins de luttes d'homme et de lion.

D 8 (fig. 57). Homme à tête de bœuf mugissante et monstrueuse [1].

E 8 (fig. 57). *Léontocentaure* portant une marotte de *fou* : juxtaposition des éléments de deux ou trois types traditionnels [2].

Au pinacle de cette pile, combinaison d'oiseau, de reptile et de *léporide* que nous avons déjà rencontrée au moins une fois

PILE 10.

B 10 (fig. 57). Griffon

C 10 (fig. 57). Voici une devinette, un trompe-l'œil sculpté qui fait à Rouen le pendant du jeu des quatre lièvres de Lyon disposés de telle façon qu'avec quatre oreilles seulement ils paraissent en posséder chacun deux [3]. De quelque côté, en effet, que l'on tourne le rectangle dans lequel sont inscrits ces deux personnages tête-bêche, on retrouve toujours deux corps, dans la même situation respective [4].

Il est heureux que le succès dont dut jouir tout de suite cet ingénieux tour de passe-passe n'ait pas incité les sculpteurs de Rouen à le multiplier. L'Album de Villard de Honnecourt montre une amusette du même genre [5].

D 10 (fig. 57). Homme dont le visage prodigieusement déformé fait penser à certains petits masques comiques de terre cuite trouvés en Asie Mineure [6]. A des siècles et des cen-

1. Adeline, p. 371.
2. Gravé Adeline, p. 375.
3. Lyon, portail droit, pl. II, A 3.
4. *Stalles*, n° 35, Adeline, p. 175.
5. Gravé Adeline, p. 263.
6. Par exemple ceux du musée du Louvre, salles Charles X.

taines de lieues de distance, il est bien intéressant de voir les mêmes instincts de l'esprit humain aboutir aux mêmes combinaisons de lignes.

E 10 (fig. 57). La truie qui vielle [1], rivale en popularité et en réputation du bouc à la clochette de tout à l'heure. Cette figure est, d'ailleurs, d'une amusante drôlerie à voir de près. Ce sujet peut être rapproché de l'âne qui vielle à Notre-Dame de Chartres et à Saint-Georges de Boscherville. Wright reproduit, dans son *Histoire de la caricature* (*loc. cit.*, p. 121), une truie jouant de la vielle et de la flûte, empruntée aux stalles de Winchester et (p. 125) un ours jouant de la cornemuse provenant des stalles de Westminster.

Au pinacle, personnage à genoux.

PILE 12.

B 12 (fig. 58 et 63). Cet homme drapé, avec une tête et des ailes d'aigle, me paraît être une variante du motif *D 12* placé au-dessous. Il me semble qu'on peut prendre sur le vif dans cet exemple le mécanisme d'associations d'idées qui, plus d'une fois, influa sur l'inspiration des sculpteurs du portail des Libraires. Le *D 12* représente aussi un homme à tête et ailes d'aigle, mais il est nimbé et semble poser un livre sur un pupitre. — Et cela était bien probablement une adaptation familière et sans solennité du type de l'Évangéliste représenté avec la tête de son symbole animal, type qu'on retrouve à Moissac, à Honnecourt en France, et dans beaucoup de manuscrits carolingiens [2].

1. Gravé Adeline, p. 231.
2. Manuscrit d'Harlinde et Renilde à Maeseyck, cité par Dehaisnes. *Histoire de l'art dans les Flandres, l'Artois et le Hainaut.*

Puis on dirait que l'idée a paru plaisante à nos artistes et qu'ils l'ont rééditée dans le *B 12* en lui laissant perdre en route le peu de signification qu'elle pouvait encore avoir.

C 12 (fig. 58). Encore une truie tout à fait amusante. On ne peut rien voir de plus irrésistiblement comique que l'expression de cet œil en coulisse et la bonhomie malicieuse de tout le personnage[1].

E 12 (fig. 58). Elégante figure nue, un genou en terre, agitant des draperies. Dans le pinacle, figure tombant, la tête en bas.

Dans la frise du bas (12) trois petits personnages, dont l'un semble tailler la pierre avec un ciseau, dont l'autre est debout une règle à la main et le troisième ajuste des ais de bois. On croit à Rouen que ces trois petites figures désignent le sculpteur, l'architecte et le charpentier de la cathédrale[2].

Une telle hypothèse n'a d'ailleurs rien d'invraisemblable pourvu qu'on ne prétende pas voir des portraits dans ces mignonnes et insignifiantes silhouettes.

PILE 14.

B 14 (fig. 58). Griffon à pattes de palmipède.

C 14 (fig. 58). Cynocéphale cette fois très caractérisé[3]. Le cynocéphale appartient tout particulièrement au monde merveilleux entr'ouvert pour nous dans les encyclopédies du moyen âge sous le nom de « Diverses choses qui sont en l'Ynde. » On le trouve nommé dans la pseudo-

1. Adeline, p. 235.
2. Gravé Adeline, p. 395, avec une autre frise composée de trois petites têtes.
3. Adeline, p. 235.

lettre d'Alexandre à Aristote [1] d'où sont plus ou moins issues toutes ces fables, et Brunetto Latini et Vincent de Beauvais ont recueilli la notion de ce peuple étrange à la tête de braque, aux pieds et aux mains terminées en griffes, qui aboient mieux qu'ils ne parlent...

D 14 (fig. 58). Sorte de sirène à queue de dauphin et jambes de lion [2].

E 14 (fig. 58). Illisible

Le pinacle de cette pile montre un étrange oiseau à tête de quadrupède, quelque chose comme un ornythorinque.

PILE 16.

La pile 16 est celle qui monte jusqu'à la rencontre de l'archivolte du portail.

Dans la partie qui n'a pu être photographiée figurent au-dessus du motif *A″ 16* qui est un très beau Samson au lion [3], la suite du même sujet, Samson ouvrant la gueule du lion. — Puis, plus haut, un oiseau dévorant un lion, comme à Lyon [4], puis diverses combinaisons de volatiles, traitées avec plus ou moins de fantaisie.

Au-dessous de Samson *A′ 16* nous avons une charmante figure : celle d'un homme, un jeune moine semble-t-il, assis devant un scriptional et regardant en transparence le contenu d'une fiole. C'est bien probablement une personnification de la Médecine comme à Laon (vitrail),

1. Voir Berger de Xivrey. Gravé Adeline, p. 347.
2. *Stalles*, sphinx, femme-lion, n° 60.
3. *Stalles*, n° 7.
4. D'après une miniature de manuscrit, je suis fondée à croire que cet oiseau vorace est le *corbeau de l'arche*, Lyon, P. g, Pl. l, B. 3.

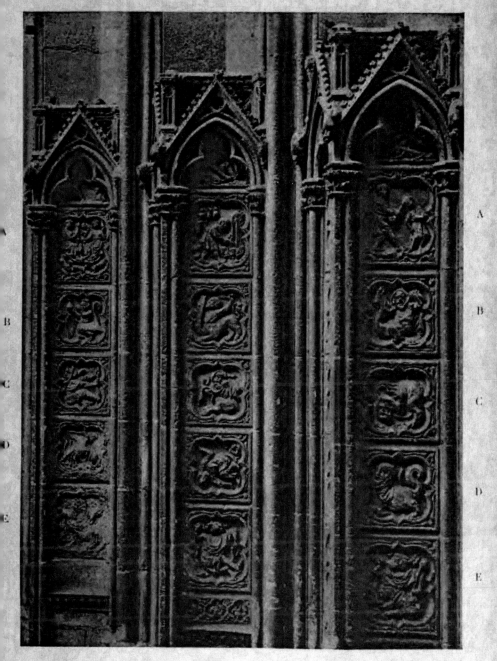

Fig. 62. — Portail des Libraires (Ensemble de trois piles (retour) du côté gauche).

comme à Reims [1], comme à Fribourg. Faut-il aller avec
M. Nicolle [2] jusqu'à croire qu'il y ait ici un saint Luc [3] ou
saint Côme patron des médecins ? Je ne le crois pas, cette
figure n'étant pas nimbée.

En dessous du « bain de l'accouchée », c'est (*B 16*) une
sirène se perçant le cou d'un poignard, puis (*C 16*) un
centaure accroupi, le torse retourné vers la croupe d'une
façon assez violente, les bras étendus.

Le *D 16* ouvre une série de quatre médaillons qui se
joignent en ligne horizontale et, comme à Noyon, comme
à Lyon, représentent quelques-uns des types les plus respec-
tables et les plus consacrés du symbolisme du xiiie siècle,
le pélican, le phénix, la licorne, le lion ressuscitant ses
petits. Ces quatre animaux empruntés aux Bestiaires, et
qui symbolisaient diversement la naissance de Jésus-Christ
et sa résurrection ou encore la rédemption du monde, se
retrouvent associés dans plusieurs vitraux importants du
xiiie siècle. Ici, très mutilés et très usés, c'est leur juxtaposition même qui nous a permis de les reconnaître. Le
D 16 est le pélican ressuscitant de son propre sang les
enfants qu'il a tués dans sa juste colère [4].

E 16 (fig. 58). Illisible.

PILE 13.

B 13 (fig. 59). Charmant motif décoratif composé d'un

1. Portail de droite, chambranle (Mâle, *loc. cit.*).
2. *Médecine et art en Normandie*, Rouen, Lestringant, 1903, fig.
3. Il y avait à Rouen une corporation de médecins ayant pour patron
saint Luc et se réunissant à la cathédrale. D'autre part saint Côme et Damien
étaient patrons des barbiers de Rouen (Nicolle, *loc. cit.*).
4. Lyon, portail droit, pl. II, C, 2, Villard de Honnecourt, pl. I.

corps de dragon ailé et d'une tête de femme, le torse drapé de façon très heureuse [1].

C 13 (fig. 59). Griffon sans caractère particulier.

D 13 (fig. 59). Dragons s'entre-mordant : un motif identique existe au socle de la statue de la reine de Saba à Reims.

E 13 (fig. 59). Illisible.

Au pinacle un ange à mi-corps

PILE 15.

B 15 (fig. 59). Deux enfants jouant ou luttant : ces garçonnets court vêtus, à tête bouclée, ont beaucoup de grâce et rappellent de façon très précise quelques écoinçons des grands quatrefeuilles du portail sud de Notre-Dame de Paris.

C 15 (fig. 59). Homme drapé, dans une pose contournée sans caractère. Motif de style inférieur [2].

D 15 (fig. 59). Dans ce personnage muni d'un bouclier et qui semble se débattre contre un oiseau fantastique, serait-il trop hardi de voir Prométhée ? Un tel motif se trouve à Lyon [3] et M. Bégule l'interprète comme moi.

E 15 (fig. 59). Illisible.

Pinacle semblable au précédent

PILE 17.

B 17 (fig. 61 et 49). Une centauresse joyeuse caracole en levant les bras [4].

1. Gravé Adeline, p. 355.
2. Gravé Adeline, p. 303.
3. Porte droite, pl. IV, *B 3*.
4. Adeline, p. 343.

C 17 (fig. 61). Cette figure accroupie et volontairement mais pittoresquement contournée, avec sa tête puissante et sa draperie d'un caractère si accusé et si décoratif, est vraiment intéressante et de beaucoup supérieure à la moyenne des autres[1].

D 17 (fig. 61). Voici la licorne, suite du symbolisme inauguré par le pélican dans le *D 16*. — « La licorne est un animal si sauvage que, pour s'en emparer, on est obligé d'avoir recours à une vierge. Dès qu'il la voit, il vient à elle, se couche sur son sein et se laisse prendre. Ainsi le fils de Dieu n'a pu s'incarner que dans le sein de Marie. » Une délicieuse représentation de la capture de la licorne existe à Lyon au-dessous d'une des consoles du portail ouest[2] ; à Strasbourg, on voit aussi la licorne avec le pélican.

E 17 (fig. 61). Illisible.

Au pinacle de cette pile un ange en plein vol portant une sorte de verge.

PILE 19.

B 19 (fig. 61 et page 16). Sirène poisson avec des membres antérieurs de cheval, agitant d'une main une quenouille et de l'autre une draperie[3].

C 19 (fig. 61). Cynocéphale largement drapé, un genou en terre.

D 19 (fig. 61). Le lion ressuscitant ses petits, troisième figure symbolique tirée des Bestiaires.

« La lionne donne le jour à des enfants mort-nés mais le

1. Comparer avec V. de Honnecourt, pl. XLV.
2. Lyon, pl. B, 1. Moulé au Trocadéro.
3. Adeline, p. 259.

troisième jour un rugissement du lion les rend à la vie ».

Le lion, dans notre médaillon, est penché et, de son souffle, réchauffe ses petits.

E 19 (fig. 61). Charmante silhouette malheureusement assez endommagée d'une centauresse au buste drapé avec une grâce exquise et tenant une fleur à la main [1]. Il y a une aisance étonnante dans la manière dont cette créature de rêve ramène autour d'elle et chiffonne en plis frissonnants le grand voile dont elle est enveloppée.

Le pinacle de cette pile abrite le sujet le plus étrange qu'on puisse concevoir. Une femme, assise dans une pose assez contournée, relève sa draperie pour nous montrer deux jambes entourées de cordes enroulées depuis la cheville jusqu'au genou (dét. fig. 4, p. 16).

Il est bien difficile de croire qu'il n'y ait pas là le souvenir précis d'un texte, d'un fabliau quelconque [2].

Pile 21.

B 21 (fig. 61). Berger jouant du cor.

C 21 (fig. 61). Homme à tête de bouc [3].

D 21 (fig 61). Femme demi-nue, occupée de sa coiffure devant un miroir qu'elle tient à la main [4].

Il est singulier que ce miroir qui nous semble assez innocent ait suffi au moyen âge (joint surtout au peigne dans la

1. Gravé Adeline, p. 255.
2. Notons que M. Enlart (*Rouen* dans la collection des *Villes d'art*) institue un rapprochement entre cette figure et un bas-relief hindou moulé au British Museum.
3. Gravé Adeline, p. 243.
4. *Stalles*, n° 65, et Adeline, p. 299,

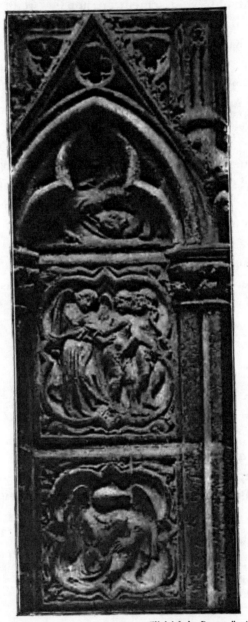

Cliché de la *Revue d'art.*

Fig. 63. — Portail des Libraires (détail).

chevelure) pour caractériser toute la perversité féminine.
L'exemple le plus significatif que l'on en puisse citer
est celui des Apocalypses [1] où la terrible et satanique « Courtisane assise au bord des eaux » est représentée, dans les
miniatures, comme une belle dame strictement vêtue, mais
tenant à la main le symbolique miroir qui suffit à la caractériser. Nous sommes loin de la hideuse Luxure de Moissac
dont un écho, adouci et tout transformé en grâce, se
retrouve à Auxerre.

E 21 (fig. 61). Sorte de sirène masculine difficile à caractériser dans l'état où elle est réduite.

Les frises du bas des piles 19 et 21 présentent l'une (19)
trois animaux dont un petit cheval debout très joli et l'autre
trois femmes drapées malheureusement presque effacées.

Au pinacle 21, est représentée une très belle figure de pasteur assis avec un bâton.

PILE 18.

B 18 (fig. 62). On connaît déjà cette jolie caricature du
médecin qui a été souvent reproduite : grave docteur à
mine rébarbative tout occupé de la contemplation d'un
urinal et qui n'a pas l'air de se douter qu'il ait des ailes
d'oison, des pattes de lion et une queue de dauphin [2].

C 18 (fig. 62). Il existait au moyen âge un jeu dans
lequel deux hommes appuyés pied contre pied sur un bâton
essayent mutuellement de se faire lâcher prise [3]. On dirait

1. Manuscrits de l'Apocalypse avec miniatures, Bibliothèque Nationale franç. 403, lat. 14.410.
2. Gravé Adeline, p. 367.
3. *Stalles*, n° 35. Gravé Adeline, p. 311.

que notre homme du *C 18* joue tout seul à ce jeu de la
« panoye ».

D 18 (fig. 62). C'est le phénix, qui clôt la série des figures
symboliques du Christ. Comme le lion, comme le pélican
et comme la licorne, le phénix qui ressuscite de ses cendres
était un sujet très cher à l'iconographie du xiiie siècle [1].

E 18 (fig. 62). Illisible.

Au pinacle, lutte d'un chevalier avec un dragon.

PILE 20.

B 20 (fig. 62). Centaure lion avec glaive et bouclier.

C 20 (fig. 62). Corps d'homme se terminant en corps de
lion, drapé, encapuchonné, barbu, très vivant et physiono-
mique [2].

D 20 (fig. 62). Que signifie ce personnage, « dévalant du
ciel en terre », si rapidement, est-ce un « orgueil » détaché
de la série des Vices et Vertus? L'orgueil, il est vrai, est
ordinairement représenté tombant de cheval, mais il
en existe une représentation sans monture dans un vitrail
de Lyon. Est-ce un Icare? Est-ce un Phaéton? N'est-
ce rien du tout? Dans un nuage, à droite, une tête d'oiseau
semble se dessiner [3].

E 20 (fig. 62). Homme à queue de serpent, les cheveux
épars comme dans certaines représentations du Désespoir
dans les mêmes séries iconographiques de Vices et Vertus [4].

Dans la frise du bas trois jolis petits dragons très bien

1. Lyon, Porte droite, Pl. C. 2.
2. *Stalles*, n° 58, et gravé Adeline, p. 261.
3. Paris, Amiens, Chartres, album de Villard de Honnecourt.
4. Gravé Adeline, p. 334.

conservés. Au pinacle, encore un problème qui pique la curiosité : cet homme qui semble enfoncer un bâton dans la jambe de son pantalon, lequel pantalon d'ailleurs habille une patte de coq.

PILE 22.

B 22 (fig. 62). Figure d'homme aux extrémités animales dont la tête a ce caractère que je rapprochais tout à l'heure de certains masques d'Asie Mineure [1].

C 22 (fig. 62). Lion à tête humaine et qui pose sa patte de lion sur son front d'homme [2]. Expressive et vivante physionomie.

D 22 (fig. 62). Monstrueux dragon à tête humaine énorme, encapuchonnée et drapée serré. Le ventre, la queue, les pattes sont bordées d'écailles (Un type analogue existe à Lyon [3]).

E 22 (fig. 62). Centaure fou drapé jouant du cor [4].

Dans le pinacle, moine au travail.

---

1. Gravé Adeline, p. 227.
2. Gravé Adeline, p. 279.
3. Portail gauche, pl. III, G. 4, et Port. droit, Pl. I, G. 5. Gravé Adeline, p. 291.
4. Gravé Adeline, p. 319.

CONCLUSION

ESSAI DE DATATION. — REVUE DES BAS-RELIEFS FRANÇAIS DU
XIIIᵉ SIÈCLE ET DU DÉBUT DU XIVᵉ. EXCELLENCE DE CETTE
FORME D'ART, EN FRANCE, A CETTE ÉPOQUE.

Le moment est venu d'essayer de conclure et, résumant
les résultats acquis, de situer l'œuvre que nous venons d'étudier, dans l'ensemble de l'histoire de la sculpture française.

Commençons par essayer de préciser les dates. Qu'avons-
nous qui puisse nous y aider ? Comme document proprement
dit, un seul, cette charte de 1280, qui, à la prendre en sens
étroit, ne concernerait même que le portail des Libraires.
Mais une minutieuse étude nous a mis en droit d'affirmer
que les parties basses au moins du portail de la Calende
sont antérieures aux mêmes parties du portail des Libraires.
Il reste donc à examiner si, prenant pour bonne la date
de 1280 quant à ce dernier, nous serons conduits à dater
les soubassements du portail sud de quinze ou vingt ans
plus tôt, soit 1260 environ.

Or, si cette conclusion ne s'impose pas de façon évidente,
elle n'a, du moins, rien d'invraisemblable *a priori*. Qu'était-
ce que cette *portion de ses demeures*[1] que l'évêque con-

---

1. ... *Portam seu portionem domorum nostrorum. Charte de 1280* ci-
jointe.

sentait à donner au chapitre pour permettre l'édification du
portail ? On a parlé d'une salle capitulaire ou d'une chapelle

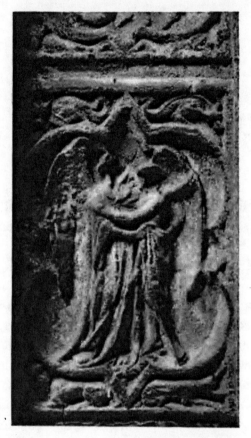

Cliché de la *Revue d'art*.

Fig. 64. — Trumeau du portail des Libraires (détail). Ange recevant un élu.

dont on voit encore l'amorce dans une ancienne dépendance
du cloître, aujourd'hui convertie en arrière-sacristie, et le
chevet à trois pans dans le jardin de la maîtrise : cette construction aurait autrefois occupé l'emplacement même de
l'ébrasement du portail des Libraires. Mais, en tout cas, il

faut admettre que le bâtiment rasé appartenait à l'archevêque, faisait partie de sa maison.

Dans ce cas, il deviendrait vraisemblable que le désir de donner une contre-partie au portail sud, déjà en voie de construction, ait seul décidé l'archevêque à ce sacrifice, et que l'on n'ait pas préparé cette démolition très longtemps avant de l'entreprendre.

En 1302, on commençait les travaux de la nouvelle chapelle de la Vierge [1]. Je crois qu'à ce moment, les deux portails latéraux étaient finis ou bien près de l'être.

Voyons si l'étude d'autres monuments à peu près contemporains et à dates certaines, nous permet de placer les portails de Rouen entre les dates de 1270 à 1300, en conservant une antériorité marquée pour le portail de la Calende.

Voici un témoin qui a sa date et le nom de son auteur inscrits dans la pierre même de son soubassement, et c'est un témoin illustre : le portail du transept sud de Notre-Dame de Paris. Or, il fut commencé en 1257, et l'on accordera bien qu'en le commençant et en plaçant cette magnifique inscription sur son socle, l'architecte Pierre de Chelles avait déjà plus qu'une idée du plan de son œuvre. Or, ce portail me paraît l'antécédent exact du portail de la Calende ; c'est le même système de pieds-droits en retrait les uns sur les autres, terminés chacun par un petit pinacle de forme architecturale : c'est déjà, dans la voussure, les mêmes lignes nettes et un peu sèches, la même forme de dais ; les gâbles et les pignons, moins fleuris il est vrai, ont la même ordonnance générale : les moulures sont sensiblement les mêmes. Je sais bien qu'il existe une différence très importante ; à Paris, — au portail sud — les bases des pilastres ne

1. Deville, *loc. cit.*

pénètrent pas le socle du soubassement, mais elles le
pénètrent déjà à la porte nord du transept, sûrement antérieure à la mort de saint Louis, à 1270, date que je propo-
serais volontiers pour les premiers travaux du portail de la
Calende.

Faisons l'expérience contraire et voyons comment se
comportent deux monuments que nous savons être postérieurs aux premières années du xive siècle : le portail nord
de la cathédrale de Bordeaux [1] (moulé au Trocadéro) et
le grand portail de la cathédrale de Lyon [2].

Au point de vue des lignes générales, il y a la plus grande
similitude entre le portail de Bordeaux et celui de Paris : il
semble y avoir eu à ce moment une période de stagnation
dans le développement des formes architecturales, mais un
détail cependant est significatif : toute ligne horizontale a
presque complètement disparu du soubassement ; le bahut
qui, à Notre-Dame de Paris, formait encore une base continue
sous les pieds-droits, qui, à Rouen, était traversé par la
pénétration de la moulure la plus extérieure, à Bordeaux,
suit les pieds-droits dans tous leurs ressauts. Dans la voussure,
les dais sont beaucoup plus fleuris et compliqués. Enfin, à
ne considérer que la sculpture, il y a un écart manifeste avec
ce que les deux portails des transepts de Rouen nous offrent
de plus avancé. Cette sculpture de Bordeaux, à la fois personnelle et aiguë dans l'interprétation du type individuel,
— grandes statues des pieds-droits — et d'un maniérisme
extrême dans l'interprétation des scènes traditionnelles,

---

1. Commencé sous l'évêque Bertrand de Goth 1300-1905, pape ensuite
sous le nom de Clément V. Courajod et Marcou (*Catalogue raisonné du
Musée de sculpture comparée*).
2. Commencé sous l'épiscopat de Pierre de Savoie, donc après 1308,
ibid.

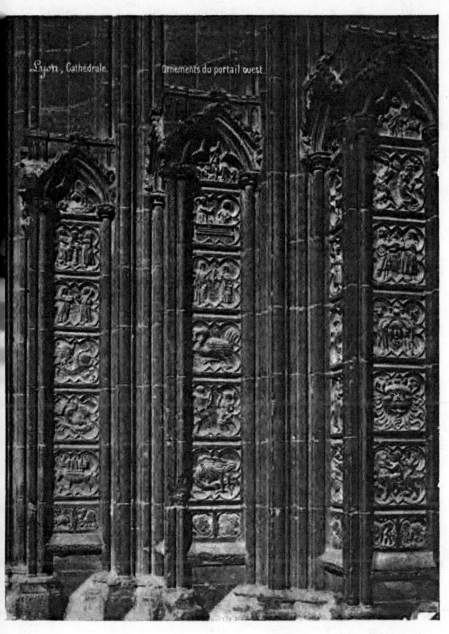

Fig. 65. — Cathédrale de Lyon. Détail du soubassement du portail occidental.

manifeste curieusement les deux courants principaux de l'art du xiv⁰ siècle [1].

A Lyon, les lignes architecturales sont plus simples et n'offrent pas avec celles de Rouen de différences bien marquées ; mais nous avons déjà noté les caractéristiques de l'appareil et des profils qui placent nécessairement l'exécution de ce portail après celle du portail des Libraires de Rouen. La sculpture, consultée, donne la même réponse : ces petits bas-reliefs de Lyon (fig. 65), si souvent et à bon droit comparés à ceux de Rouen, beaucoup plus connus parce qu'ils sont depuis quelque temps publiés, leur sont, je ne crains pas de le dire en montrant des reproductions des uns et des autres, bien inférieurs [2].

Au point de vue iconographique, c'est le même désordre qu'au portail des Libraires : il serait difficile qu'il fût plus grand, mais l'exécution y est généralement beaucoup moins fine et spirituelle ; le relief est plus mou, plus pâteux, les scènes bibliques, qui sont de beaucoup les meilleures, ont moins de pureté de style que celles du portail de la Calende, moins de relief et d'accent que celles du portail des Libraires. Il est juste d'excepter de la comparaison les motifs des dessous de consoles de la façade de Lyon, dont Rouen ne nous offre pas d'équivalents, et qui sont de tous points exquis [3].

Mais, en dehors même de la question de valeur relative, quelques caractères bien nets prouvent la postériorité de la sculpture de Lyon : c'est d'abord dans le style de toutes les figures, des proportions plus courtes, des têtes plus grosses. un hanchement excessif ; c'est, dans la draperie, un système

1. Moulé Trocadéro.
2. Les motifs de Strasbourg — après 1287 — sont bien supérieurs et plus voisins du style portail des Libraires.
3. Plusieurs sont moulés au Trocadéro.

de plis *en travers*, qui est celui de toutes les statues de
Vierge du xiv⁰ siècle, et qu'on ne trouve pas encore à
Rouen.

Le même atelier a-t-il travaillé à Rouen et à Lyon? c'est
possible et même probable, mais je crois qu'en l'espace de
quarante ou cinquante ans, par voie d'élimination et de
mutations successives, il s'était complètement renouvelé,
et que cet atelier transporté à Lyon entre 1310 et 1320, ne
contenait plus aucun des éléments qui avaient pu concourir
vers 1270 à la décoration du portail sud de la cathédrale
normande. En fait, l'identité n'existe que dans le plan iconographique — je veux dire l'absence de plan, mélange de
sujets religieux et profanes [1] — la disposition générale,
l'esprit, et il n'y a certainement pas dix motifs du portail
des Libraires qu'on retrouve identiques à Lyon. Les combinaisons grotesques, composées d'éléments humains et animaux associés, y sont, par exemple, beaucoup moins
fréquentes ; la faune minuscule qui s'ébat aux écoinçons des
quatrefeuilles de Rouen a disparu aussi. Les mesures sont
différentes : les bas-reliefs de Lyon étant de dimension
inférieure à la moyenne de ceux de Rouen [2].

Mais il est une objection que je prévois, et à laquelle j'ai
dû chercher pour moi-même une réponse. Si les bas-reliefs
du soubassement du portail de la Calende peuvent — et
nous le verrons mieux encore tout à l'heure par la comparaison avec des monuments datés — être placés vers 1270,
il n'en est pas de même de la grande sculpture du même
portail, surtout en ce qui concerne le tympan et toute la

1. Car un seul sujet est commun aux deux ensembles : celui de la Création.
2. 25×25 environ tandis que dans ceux de Rouen je relève les mesures
suivantes —27×25—26×32—27×27—32×32, etc.

statuaire des parties hautes. Nous avons là un art sensiblement postérieur et aussi avancé que celui des parties correspondantes du portail des Libraires.

L'objection est sérieuse : cependant l'on ne peut pas s'en armer pour avancer que les petits bas-reliefs soient aussi tardifs et que leurs dimensions seules les fassent différents ; nous avons vu, en les comparant avec ceux du nord, que les modifications de style amenées par le temps se font sentir aussi nettement dans un champ de 40 centimètres carrés que dans un tympan colossal.

Je crois donc qu'il faut admettre ceci : les parties basses du portail sud auraient été commencées ou au moins préparées dans l'atelier du sculpteur vers 1260 ou 1270 très approximativement. Il y aurait eu alors un certain ralentissement dû à des causes que nous ignorons et vers 1280 à 1290 tout le reste des travaux du sud et ceux du nord auraient été, les uns repris et les autres commencés, pour être menés de front à bonne fin. Ce qui justifierait cette conjecture c'est que les petits motifs de quatrefeuilles qui, au portail de la Calende, se trouvent placés au sommet des contreforts d'angle, sous ces statues de prophètes d'un style caractérisé — qui semblent les prototypes de statues analogues à la façade de la cathédrale de Trèves — sont du même faire et du même esprit que ceux du portail des Libraires. Il y a un motif, une sorte de grotesque contourné, la tête en bas, qui se voit à cette place et qu'on retrouve identique dans l'écoinçon d'une sorte d'arcature qui fut disposée au revers de l'avant-corps du portail nord lorsqu'on eût démoli le bâtiment dont je parlais tout à l'heure [1]. Tous ces travaux sont contemporains.

1. Cette arcature se voit maintenant dans une sorte de sacristie annexe à l'ancien cloître.

Or, à cette date de 1270 à 1300, que faisait-on en France,
à ce point de vue et dans cet art spécial du bas-relief de

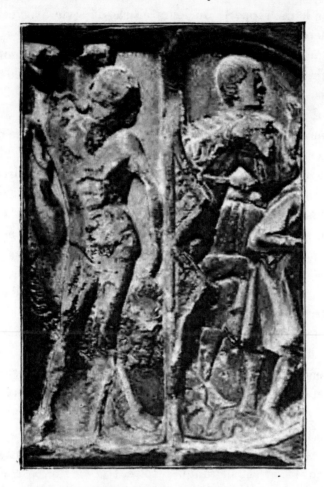

Fig. 66. — Cathédrale d'Auxerre. Fragment du soubassement
de la façade Ouest.

petites dimensions appliqué à la décoration des soubassements? chemin faisant nous avons déjà énuméré les

principaux monuments de cet art qui nous aient été conservés. Il nous reste maintenant à les passer en revue pour
noter leurs rapports ou leurs écarts de style avec ceux de
Rouen et essayer de dater les uns par les autres.

Une période de sculpture est finie : celle qui a donné les
admirables motifs de Sens, façade ouest porte centrale — de
Paris — façade ouest— d'Amiens, ces compositions d'un art
si sobre et si puissant, généralisateur et parfois un peu
sommaire mais si large, si beau de style et d'une exécution
si nerveuse.

Paris — précédé peut-être par le joli bas-relief circulaire
« des drapiers » au socle de la statue du Beau Dieu à
Reims — Paris en rouvre une seconde (1257), avec les gracieux médaillons inscrits dans des quatrefeuilles qui tapissent
une partie des pignons accolés au portail sud. Ces sculptures (fig. 67), qu'il n'y a aucune raison de ne pas croire datées
par l'inscription du soubassement, confirment la date que
j'attribue à celles du portail de la Calende. Ce sont les
mêmes attitudes, les mêmes draperies, les mêmes proportions, avec un raffinement d'élégance dont certains
reliefs de Rouen, moins mutilés, nous eussent conservé un
reflet certain. De plus, comme à Rouen, des animaux et des
jeux d'enfants traités avec un naturalisme familier, occupent
tous les écoinçons [1].

Ces scènes, que l'on n'est pas encore parvenu à identifier
d'une façon satisfaisante, respirent la vie : à les comparer
avec les médaillons de la façade ouest, on sent qu'on est
en face d'un autre art qui retrouvera, dans le rendu du

1. Pour toutes les comparaisons indiquées ici, se référer aux *Documents
de sculpture française du moyen âge*, album de planches in-f° publié par
MM. Vitry et Brière, Paris, 1904.

mouvement et de l'expression, ce qu'il aura perdu d'ampleur et de gravité de style.

Il n'y a peut-être pas de cathédrale française sur laquelle on ait moins écrit et qui offre des dates moins certaines que la cathédrale d'Auxerre [1]. Les plus paradoxales erreurs ont été mises en circulation sur l'époque d'exécution des délicieuses sculptures des soubassements [2] de la façade principale, et, tant qu'un travail d'ensemble véritablement sérieux n'aura pas été tenté, nous serons réduits à nous contenter du témoignage du monument. Heureusement ce témoignage est suffisamment éloquent et, sauf peut-être pour les bas-reliefs de la porte secondaire nord que des détails d'architecture ne permettent pas, paraît-il, de placer avant le xive siècle, nous pouvons à peu près affirmer que ce merveilleux ensemble appartient au xiiie. Mais la sculpture de ces reliefs d'Auxerre (fig. 69), par la beauté de sa matière, par l'extraordinaire bonheur de son exécution, par le caractère de raffinement et d'élégance souveraines qu'elle manifeste, se prête mal aux comparaisons. C'est vraiment un atelier à part et sans égal ; et je ne parle pas tant ici des *nus* des scènes de la Création, ces *nus*, très vantés et certainement fort intéressants, mais qui, s'ils égalent peut-être en charme ceux de la façade d'Orvieto, ne sont pas de beaucoup supérieurs en correction à ceux de Rouen — scènes analogues — . Je pense plutôt à ces merveilleuses séries de l'histoire de Joseph et de celle de

---

1. Signalons cependant : *Annuaires de l'Yonne*, 1838. *Almanachs de l'Yonne*, 1850. *Annuaires*, 1846-1847. Quantin, *Rép. arch. de l'Yonne*, 1868. Excellents articles iconographiques de M. Dandin dans les *Annuaires de l'Yonne*, 1871-73. J'ai donné moi-même quelques notes sur ce monument dans la *Chronique des arts* des 18 et 25 mars 1905.

2. Moulages complets au Trocadéro.

l'Enfant Prodigue qui — n'étaient les abominables muti-
lations qu'elles ont subies — supporteraient la comparaison
avec n'importe quel morceau de la première Renaissance
italienne ; le rapprochement a déjà été fait mais il l'a été
le plus souvent à rebours, car on commençait par admetter
que cette sculpture était postérieure à l'introduction en
France de l'esprit de la Renaissance, ce qui est manifes-
tement erroné.

A Sens, l'écroulement de la tour sud de la cathédrale (1267)
eut pour conséquence, vers le début du xive siècle, la réfec-
tion de tout le portail de ce même côté de la façade ouest.
Ce fut alors que l'on orna le soubassement de ces admirables
figurines en bas-relief, toutes décapitées aujourd'hui, d'une
grâce, d'une liberté souveraine, d'un art supérieur lui aussi,
mais dont les draperies montrent des volutes et des replis
caractéristiques du début du xive siècle [1].

On connait les délicieux motifs de sculpture qu'une fantaisie charmante fit placer à Bourges dans les écoinçons de
la belle arcature qui contourne les cinq portails de la grande
façade. Deux de ces portails ayant dû être refaits comme à
Sens— mais au début du xvie siècle — à la suite de l'écroulement d'une tour, nous n'avons plus de sculpture du xiiie
qu'aux trois autres. Ce qui reste est largement suffisant pour
nous faire admirer l'ingéniosité, la grâce et l'esprit dépensés
à foison dans cette décoration.

C'est, d'une façon continue, d'un portail à l'autre, l'enchaînement des plus souples, des plus gras, des plus vivants
feuillages entre lesquels apparaissent de petites figures assez
inégales de style, d'ailleurs, mais dont plusieurs sont exquises,

---

1. *Catalogue raisonné du Musée de sculpture comparée.*

et composent de petites scènes, telles que celles du Déluge et

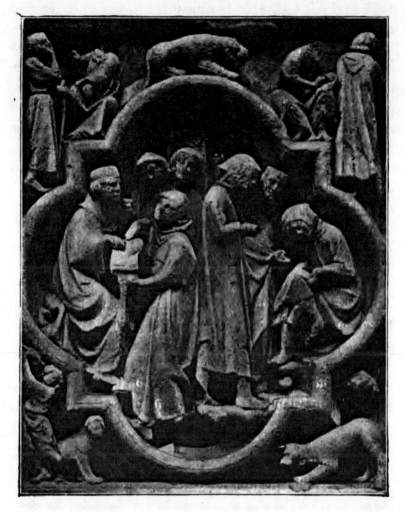

Fig. 67. — Cathédrale de Paris. Bas-relief dit « de la Vie des Étudiants »

des Premières Vendanges tout à fait charmantes [1]. Là encore

1. M. Gonse, *Art gothique*, rend pleine justice à ces sculptures.

aucune date ; c'est par erreur que l'on a dit que le chiffre
1399 se lisait à côté de la signature : « Aguion de Droves
me fecit » qui se trouve au dessous du motif des Premières
Vendanges et je ne sache pas que le caractère épigraphique
de cette inscription ait fait l'objet d'un travail de déter-
mination de date. Jusqu'à plus ample informé, cette sculpture
porte, comme d'ailleurs, celle des tympans et des voussures
à tort données au xive siècle, tous les caractères du xiiie un
peu avancé.

Enfin Paris ferme la série comme il l'avait ouverte par
ces bas-reliefs de la mort et des miracles de la Vierge qui
ornent le mur des chapelles de l'abside au nord [1].

Ces très belles sculptures, dont la date reste assez incertaine [2], car elles ont pu être incrustées après coup dans des
murs qui datent au plus tôt du début du xive siècle, ne me
paraissent pas pouvoir être placées par le caractère de leurs
draperies avant la fin du premier tiers du siècle. Elles sont
le « chant du cygne » du bas-relief appliqué aux soubassements.

Mais, en dehors de l'architecture des grands édifices,
une série de monuments moins importants : retables, tombeaux, manifestent au même moment le même caractère de
style et les mêmes préoccupations du rendu de la vie, la
même élégance encore simple de draperies, que la sculpture des soubassements de Rouen. Je n'en citerai que deux :
le beau retable du musée de Cluny, provenant de Saint-
Germer [3] (Oise) où des scènes de la vie du saint et de la
Vierge s'ordonnent autour du Christ en croix dans une
disposition très simple et très belle, n'est pas daté, mais

1. Moulages au Trocadéro.
2. Voy. *Catalogue raisonné du musée de sculpture comparée.*
3. Moulé Trocadéro.

le tombeau de Louis, fils de saint Louis, ✝ 1269, actuellement

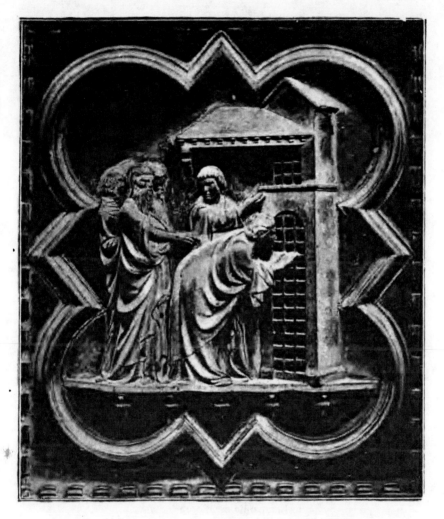

Fig. 68. — Détail des portes de bronze du baptistère de Florence.

à Saint-Denis, ne peut être de beaucoup postérieur à 1270;
or les figures du soubassement de ce tombeau : évêques,

pleureurs et pleureuses, scènes de funérailles sont bien du

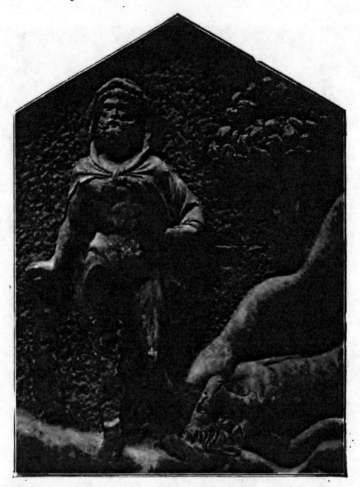

Fig. 69. — Détail de la décoration sculptée
de Campanile de Florence.

même style et de la même date que le retable de Saint-
Germer et que les scènes de la vie de Jacob ou de Judith
à Rouen.

Les comparaisons et les exemples pourraient se multiplier sans modifier la physionomie du tableau. Nous en
avons assez dit pour montrer que cette date de 1270-1280,
que nous attribuons à la première série de nos sculptures
de Rouen, fut, en France, le point central d'un développement puissant et varié de cette forme d'art : le
bas-relief de petites dimensions, offrant comme un abrégé
des formes et de l'esprit de la grande statuaire des cathédrales.

A peu près vers ce moment, en 1260, l'Italie sortait, à
son tour, d'un long sommeil et donnait au monde, dans l'art
de la sculpture, avec la chaire de Nicolas de Pise, son
chef-d'œuvre jusqu'alors le plus complet et le plus significatif. Des critiques avisés ont pu relever, dès ce moment,
dans la scupture italienne, plus d'une influence de l'art des
grandes cathédrales françaises.

Mais c'est un peu plus tard que, « dans cette fugue où
les différents peuples font tour à tour entendre leur voix »,
le génie italien adoptera et fera siennes quelques-unes des
formes du bas-relief décoratif ou allégorique inaugurées en
France.

Et, sans qu'il y ait nulle part emprunt conscient, ni copie
servile, mais seulement « un écho fraternel sur la terre où
résonne le *si* » [1], les bas-reliefs d'Orvieto évoqueront, pour
le voyageur français, le souvenir d'Auxerre, ceux du Campanile de Giotto feront penser aux soubassements de la
cathédrale d'Amiens, ceux des portes du baptistère de Florence, enfin, ne seront pas sans analogie avec les quatrefeuilles de Rouen et de Lyon [2].

1. M. André Michel.
2. Qu'il me soit permis de citer ici le travail où j'ai essayé de relever

Servi par des circonstances de civilisation merveilleusement favorables, par toutes les ressources d'une éducation savante à laquelle commençait à concourir l'utile discipline de l'art antique, appliqué à des matières aussi inaltérables que le bronze et le marbre, le bas-relief gothique atteignit sous la main d'un Andrea Pisano et d'un Ghiberti, au Campanile de Florence, aux portes du baptistère Saint-Jean, le maximum d'expression dont il est susceptible. Mais si cet art délicat et charmant devait ainsi porter, dans l'Italie du xive et des débuts du xve siècle, ses fruits les plus magnifiques et les plus savoureux, il ne peut plus être permis à des Français d'oublier que sa première, sa plus touchante et souvent exquise floraison, est éclose aux pieds des vieilles cathédrales de France, sous les cieux légers d'entre Seine-et-Loire.

quelques-unes de ces coïncidences : *La sculpture italienne et son dernier historien*, dans la *Revue d'art ancien et moderne*, 1906.

PIÈCE JUSTIFICATIVE

Charte de 1280 relative à l'édification du Portail des Libraires.

Universis, presentes litteras inspecturis. G., divina permissione, Rothomagensis archiepiscopus, salutem in domino sempiternam.

Noveritis quod nos, decorem domus Domini diligentes et statum nostrae matris Ecclesiæ Rothomagensis extollere cupientes, diligenti super hoc habito tractatu, utilitate archiepiscopatus nostri pensata et attenta, per mutationis titulo, dedimus, concessimus et tradidimus viris venerabilibus et discretis dilectis in X^{to} filiis Philippi, decano et capitulo Rothomagensis, quamdam portionem seu portam domorum nostrarum Rothomagensium ad faciendum et construendum portam seu introitum ad predictam Ecclesiam ex parte Septentrionali quod eidem Ecclesiae satis erat et est necessarium ac etiam opportunum, sicut se proportat dicta portio seu pars in longum et in latum, a pavimento vici S^{ti} Romani usque ad dictam Ecclesiam, et a muro manerii nostri usque ad domum communem predicti capituli et domum dilecti in X^{to} filii Egidii de Augo tunc succentoris Rothomagensis, tenendam et possidendam dictis Decano et capitulo nomine suo et ecclesiæ predictæ et successoribus in eadem Ecclesie, liberam et immunem ab omni onere sicut eam tenebantur, ad faciendam exinde, nomine quo supra, suam voluntatem et utilitatem ecclesiæ predictæ, secundum quod sibi videbitur expedire, pro duabus domibus suis canonicalibus sitis apud Rothomagum in parrochia S^{ti} Stephani in ecclesiâ predictâ, manerio suo predicto contiguis, quas tunc inhabitabant dilecti in S^{ti} filii Dominus Philippus de Flava curia videlicet unam, et alteram magister Simon (?) de marcha, quas nobis, cum omnibus juribus et pertinenciis dictarum domorum, prout se protendunt in longum et in latum, permutationis titulo, similiter concesserunt, dederunt, ac etiam tradiderunt, tenendas et possidendas, nobis et successoribus nostris, libere et quiete, liberas et immunes ab omni onere, sicut eas tenebant dilecti filii supra dicti et ad faciendum exinde, nostram voluntatem et comodum, (*sic*) secundum quod nobis et successoribus nostris videbitur expedire. In cujus rei testimonium, sigillum nostrum, presentibus duximus apponendum. Datum anno Domini Millesimo ducentesimo octuagesimo, die Jovis post Ramos palmarum (18 avril 1280, nouveau style 1281).

Cartulaire de la Cathédrale. f° 178 v° (*Bibliothèque municipale de Rouen*).

INDEX ICONOGRAPHIQUE

1. Lorsque le nom de lieu n'est pas indiqué, c'est que le sujet dont il est question se trouve représenté dans les bas-reliefs de Rouen, objet de la présente étude.

16

TABLE ALPHABÉTIQUE DES FIGURES

TABLE GÉNÉRALE DES GRAVURES

INDEX BIBLIOGRAPHIQUE

Adeline. *Sculptures grotesques et symboliques, Rouen et environs*, Rouen, 1879, 8°.

Acta Sanctorum au 24 août et au 23 octobre).

Alinne et Loisel, *La cathédrale de Rouen avant l'incendie de 1200*. Rouen, 1904. 8°.

Analecta Bollandiana, t. XX.

Annales archéologiques, t. VI et XVI et *passim*.

Archives des monuments historiques, t. II.

Beaurepaire Ch. de), *Notes historiques et archéologiques*, Rouen, 1883. 8°.

Bégule et Guigue. *Monographie de la cathédrale de Lyon*, Lyon. 1880, f°.

Berger Samuel), *La bible française au moyen âge*, Paris. 1884, 8°.

Berger de Xivrey, *Traditions tératologiques*, Paris, 1836. 8°.

Bourassé et Marchand, *Vitraux de Tours*, Paris, 1859, f°.

Boinet (A.), *Un manuscrit à peintures de la bibliothèque de Saint-Omer*. Paris, 1905 (Extrait de la *Revue archéologique*.

Bouillet (abbé A.), *Description de l'église de Saint-Sulpice de Favières*, Paris. 1892, 4°.

Bulletin des antiquaires de Normandie, t. XI et XXX.

Bulletin des commissions royales d'art et d'archéologie de Belgique, t. XIII et XVI (J. Rousseau. *La sculpture flamande*).

Bulletin monumental, t. XVIII (Pothier : *Visite archéologique à la cathédrale de Rouen*).

Bulletin monumental, table analytique, *passim*.

Bulteau abbé) et Brou, *Monographie de la cathédrale de Chartres*. Chartres, 2e éd., 1887-92. 8°.

Cahier et Martin (P. P. *Mélanges d'archéologie, d'histoire et de littérature*, Paris, 1846-1856, 4°.

Cahier et Martin P. P.), *Vitraux de Bourges*, Paris. 1842, 1844, grand f°.

Catalogue des manuscrits des bibliothèques des départements (Seine-Inférieure).

Champfleury, *Histoire de la caricature au moyen âge*. Paris, 1871, 8°.

Clédat, *Théâtre du moyen âge* (collection des classiques populaires, de Lecène et Oudin).

Cochet (abbé), *Normandie souterraine*, Paris, 1855, grand 8°.

Répertoire archéologique de la Seine-Inférieure. Rouen, 1871, 4°.

Courajod, *Leçons de l'École du Louvre*, t. I (Origines de l'art roman). Paris, 1899, 8°.

Coutan (docteur), *Coup d'œil sur la cathédrale de Rouen aux XIe, XIIe, XIIIe siècles*, Caen. Delesques, 1896, 2e édition, 8°.

Corblet (abbé). *Vocabulaire des symboles et des attributs employés dans l'iconographie chrétienne.* Paris, 1877, 8°.

Crosnier (abbé . *Iconographie chrétienne.* Tours, 1876, 8°.

Dacheux, *La cathédrale de Strasbourg,* Strasbourg, 1900, f°.

Delisle L.., *Inventaire de la bibliothèque de la cathédrale de Rouen au XII° siècle). Bibliothèque de l'École des chartes,* 1849.

Deville, *Revue des architectes de la cathédrale de Rouen.* Rouen, 1848, 8°.

Didron, *Histoire de Dieu Documents inédits de l'histoire de France'.* Paris, 1843, 4°.

Didron et Durand, *Manuel d'iconographie chrétienne : le guide des peintres du Mont Athos.* Paris, 1845, 8°.

Durand Paul, *Monographie de l'église Notre-Dame. cathédrale d'Amiens,* Amiens, 1901, 1903, 2 vol. gr. 4°.

Enlart, *Rouen,* Paris, 1904, 4°.

Floquet, *Histoire du privilège de saint Romain,* Rouen, 1833-1834, 2 v. 8°.

France artistique et monumentale, Paris, Havard, f°, s. d.

Gilbert, *Description historique de l'église métropolitaine de Rouen,* Rouen, 2° éd., 1837, 8°.

Gonse (Louis , *L'art gothique.* Paris, 1891, gr. 4°.

Guillaume, clerc de Normandie, *Bestiaire Divin,* publ. par C. Hippeau, Caen, 1852, 8°.

Héron, *La légende d'Alexandre et d'Aristote,* Rouen, 1892, 8°.

Héron, *Œuvres de Henri d'Andeli,* Rouen, 1880, 4°.

Histoire littéraire de la France, t. XXIII et XXIV.

Hucher, *Vitraux peints de la cathédrale du Mans.* 1868, f°.

Jolimont, *Les principaux édifices de la ville de Rouen,* le livre des Fontaines, Rouen, 1845, gr. 4°.

— *Monuments les plus remarquables de la ville de Rouen,* 1822.

Lambin, *La cathédrale de Rouen (Revue de l'art chrétien),* 1900.

Langlois (H.), *Stalles de la cathédrale de Rouen,* Rouen, 1838, 8°

Lasteyrie, *La Peinture sur verre,* Paris, 1838-58, f°.

Loth (abbé), *La cathédrale de Rouen, son histoire, sa description,* Rouen, 1879, 8°.

Loriquet, *Le Beffroi de Rouen avant la sédition de la Harelle,* Rouen, 1906, 8°.

Mabillon, *Annales ordini Sancti Benedicti,* t. VI.

Màle (E.), *L'art religieux au XIII° siècle,* 2° édition, Paris, 1902, 4°.

— *Influence des mystères sur le renouvellement de l'art à la fin du XIV° siècle,* Gazette des Beaux-arts, 1° mai 1904.

Mantz (P.), *La Peinture française (Bibliothèque Enseignement des Beaux-Arts).*

Martène (D.) et Durand (D.), *Thesaurus novus anecdotorum,* Lut. Par., 1717, 5 f°.

Médecine et art en Normandie, Rouen, Lestringant, 1903.

Normandie pittoresque et monumentale, Le Havre, 1896, f°.

Pératé, *Manuel d'archéologie chrétienne (bibliothèque enseignement des beaux-arts.*

Pillion (Louise), *Le portail Saint-Jean à la cathédrale de Rouen (Revue de l'art chrétien,* mai 1904).

Pommeraye dom , *Histoire de la cathédrale de Rouen,* Paris, 1686, 4°.

Pommeraye (dom), *Histoire des archevêques de Rouen*. Paris, 1687.

Porée (chanoine), *La sculpture en Normandie*, Caen, 1900, 8°.

Psautier de saint Louis, publié par Berthaud, Paris, 1905.

Recueil des historiens de France, t. XVIII : *chronique de Rouen*.

Revue archéologique, 1860.

Revue d'architecture, t. I.

Rigault (Éditeur de *Vita Sancti Romani à Fulberto*), Paris, 1609.

Robillard de Beaurepaire (Eugène de), *Caen illustré*, Caen, 1896, gr. 4°.

Rue (abbé de la), *Essai historique sur la ville de Caen*, Caen, 1820, 2 vol. 8°.

Ruskin J. , *Bible d'Amiens*, traduite par Proust, Paris, 1903, 8°.

Ruskin (J. , *Les sept lampes*, etc., traduit de l'anglais par Elwall, société française des éditions d'art, Paris, 1900, gr. 8°.

Springer, *Das nachleben der antike im Mittelalter* dans : *Bilder aus neueren Kunstgeschichte*, Bonn, 1886, 8°.

Taylor et Nodier, *Voyages pittoresques et romantiques dans l'ancienne France*, Normandie, t. II, 1820, f°.

Vacandard abbé), *Vie de saint Ouen*, Esquiss - d'histoire mérovingienne, Paris, Lecoffre, 1901, 8°.

Villard de Honnecourt (album de), publié par Lassus, Paris, 1858, 4°.

Viollet-le-Duc, *Dictionnaire raisonné de l'architecture française*, P. 1854-1869, 10 8°.

Vitry (P.) et Brière (L.), *Documents de sculpture française du moyen âge*, Paris, 1904, f°.

Wright (Th.), *Histoire de la caricature et du grotesque dans la littérature et dans l'art*, traduction française, 1866, 8°.

TABLE GÉNÉRALE

PRÉFACE

INTRODUCTION

CHAPITRE PREMIER

PORTAIL DE LA CALENDE (portail sud).

CHAPITRE II

PORTAIL DES LIBRAIRES (portail nord).

CONCLUSION

MACON, PROTAT FRÈRES, IMPRIMEURS.

CPSIA information can be obtained at www.ICGtesting.com
Printed in the USA
LVOW12*1549090114

368771LV00014B/962/P